GRUPO DE CRESCIMENTO

Trabalho com temas universais para uma revisão de vida

Manual de aplicação clínica

GRUPO DE CRESCIMENTO

Trabalho com temas universais para uma revisão de vida
Manual de aplicação clínica

Teresa Robles

Tradução de
Adriana Mancini
Eliete do Carmo Alves Pinto

DIAMANTE

Belo Horizonte
2013

INSTITUTO MILTON H. ERICKSON DE BELO HORIZONTE
Rua Conde Linhares, 980 - Cep.: 30380-030 - Belo Horizonte - MG
Telefones: (31) 3296-5299 / (31) 3344-8447
E-mail: instituto@EricksonBH.com.br

TRADUÇÃO Adriana Mancini
Eliete do Carmo Alves Pinto

REVISÃO Angela Cota
Gustavo Mendonça

CAPA J. B. Lazarini
Carmela Silluzio Cotta

PROJETO GRÁFICO equipe da Editora Diamante

EDIÇÃO EM ESPANHOL *Manual del grupo de crecimiento*
ISBN 968-6513-14-0 / 1ª edição: 2003
Alom Editores, S.A. de C.V., México D.F., México
editorial@hipnosis.com.mx
Tels.: (00 52 55) 8500-6161, 5593-5875

Ficha catalográfica elaborada pela Bibliotecária Ana Cristina de Vasconcellos - CRB 6/505

Robles, Teresa
R666m.Pm Grupo de crescimento : trabalho com temas universais para uma revisão de vida : manual de aplicação clínica / Teresa Robles ; tradução de Adriana Mancini, Eliete do Carmo Alves Pinto. - 2. ed. - Belo Horizonte : Diamante, 2013.
193 p.

Tradução de : Manual del grupo de crecimiento.

Inclui um capítulo de Angela Cota.

ISBN: 85-89351-06-8

1. Psicoterapia de grupo. 2. Psicoterapia ericksoniana. 3. Psicoterapia estratégica. 4. Hipnose ericksoniana. 5. Psicologia breve. 6. Corpo e mente. 7. Auto-hipnose. I.Cota, Angela. II. Mancini, Adriana. III. Pinto, Eliete do Carmo Alves. IV. Título.

CDD : 616.89152

ÍNDICE

PRÓLOGO ... 07

PREFÁCIO À EDIÇÃO BRASILEIRA ... 15

1. INTRODUÇÃO. O TRABALHO ERICKSONIANO COM GRUPOS ... 19

2. MEU NOME E MINHAS HERANÇAS - Angela Cota ... 31

3. INTRODUÇÃO À RESPIRAÇÃO, À NOSSA PARTE SÁBIA E AO CRESCIMENTO SAUDÁVEL ... 43

4. A RESPONSABILIDADE PELO NOSSO BEM-ESTAR ... 57

5. FERIDAS PRÓPRIAS E HERDADAS ... 75

6. MINHA DIFICULDADE NO MEU RELACIONAMENTO COM OS OUTROS ... 89

7. EU APRENDO A FICAR EM PAZ COM OS OUTROS ... 107

8. DESCOBRINDO MEUS DISFARCES E APRENDENDO QUEM SOU EU ... 119

9. EU APRENDO A ME RELACIONAR COM MEU CORPO, COM MINHA SEXUALIDADE E COM MINHAS EMOÇÕES ... 131

10. MINHAS DIFICULDADES COM A INTIMIDADE ... 153

11. O MEDO DE ESTAR COMPLETAMENTE BEM E DE RECEBER O QUE A VIDA ME DÁ ... 173

12. SESSÃO FINAL. AVALIAÇÃO E CONVÍVIO ... 185

COMENTÁRIOS FINAIS ... 189

PRÓLOGO

Os antigos chineses diziam que *quando você tem uma panela vazia você pode usá-la, mas quando a enche de arroz, você tem o arroz, mas não pode mais usar a panela até que ela fique vazia outra vez.* Da mesma forma, é necessário esvaziar a cabeça de idéias permitindo que a inspiração do Universo possa chegar.

Sempre gostei de escrever, de ensinar e, assim, de compartilhar o que sei, o que acredito, o que sinto. E, desde fevereiro de 1999, quando formamos o Centro Ericksoniano do México, A. C., decidi que seria um lugar de encontro, onde idéias de todo o mundo seriam recebidas, algumas idéias seriam criadas e essas idéias seriam difundidas. Este é meu grãozinho de areia para ajudar esse mundo às avessas[1]

---

[1] A idéia de mundo às avessas provém do marco de referência antropológico, histórico e social que proponho para explicar a aparição da psicopatologia. Está expresso em parte nas diferentes sessões e também em *Entrevista a Teresa Robles: un nuevo estilo de hacer terapia* de Iris Corzo e em *Ideas prácticas para el manejo de conflictos*, de Teresa Robles, ambos publicados por Alom Editores, S. A. de C. V., o primeiro em 2001 e o último em 2003.

a funcionar naturalmente com alegria, amor, bem-estar e paz.

Um provérbio chinês diz:

Quem tem paz em seu coração,
faz crescer a paz em sua família,

Quem tem paz em sua família,
faz crescer a paz em sua comunidade,

Quem tem paz em sua comunidade,
faz crescer a paz em sua Nação,

Quem tem paz em sua Nação,
faz crescer a paz no mundo.

Por isso trabalho na psicoterapia, para contribuir com o crescimento da paz nos corações.

O objetivo da publicação deste livro, um Manual para orientar o trabalho do profissional, é compartilhar um material que serviu para muitas pessoas que nos consultam. Trabalhando com este material, estas pessoas puderam se esvaziar das idéias velhas, permitindo a chegada de novas idéias.

É um trabalho que já estava guardado há muito tempo. Aborda temas universais, que podem ser pertinentes para todas as pessoas, tanto assim que eu gosto de dizer que este trabalho é como uma revisão geral que deveria ser feita por cada um, pelo menos uma vez na vida, para desatar nós que atrapalham nosso crescimento.

Milton H. Erickson, Carl Rogers e outros autores propõem que nós, seres humanos, tendemos ao crescimento e ao bem-estar. Então me pergunto: por que aparecem os problemas? Eu acredito que é por causa de aprendizagens inadequadas, que nos levam a acreditar que o natural é estar mal, é sofrer na vida, que para merecer algo é preciso pagar.

Este grupo nos ajuda a começar a desfazer alguns destes nós, reconhecendo essas aprendizagens, questionando-as e transformando-as através de exercícios com estados amplificados de consciência.

Apesar de ser um trabalho utilizando técnicas ericksonianas, este esquema pode ser utilizado por psicólogos com diferentes treinamentos de psicoterapia, pois está escrito para este fim.

A primeira vez que discuti e apliquei a primeira versão deste trabalho foi com a doutora Marta Fernández em 1988. Depois fui modificando o trabalho a partir da prática. O Manual ficou guardado um tempo e saiu da gaveta faz quatro anos, quando Ignacio Alvarez Icaza, amigo de muito tempo, comentou comigo: "Você deveria utilizar todas as coisas que criou e não só tentar produzir coisas novas. O Grupo de Crescimento me ajudou muito". Pedi, a Juan Pablo Alcántara, psiquiatra e então terapeuta do Centro, que integrasse as diferentes versões que tinha em mãos. Iris Corzo, que era a Coordenadora de Ensino de Mestrado, propôs escrevê-lo como um material de trabalho para nossos alunos e Agustín Monsreal me fez ver que podia ser um livro da coleção de Técnicas e interessar a um público maior do que somente nossos alunos. Jerome Taillandier, membro do grupo *Le Germe*, que traduz livros ericksonianos para o francês, incentivou-me a terminá-lo e inclusive me convidou a passar uns dias em sua casa, no sul da França, perto de Carcasson, para fazer a revisão do texto.

Entretanto, o Manual voltou para a gaveta por mais quatro anos porque o trabalho de criar o Centro Ericksoniano do México e fazê-lo crescer ocupou todo meu tempo de trabalho nestes últimos anos.

Agora, finalmente, é publicado como o primeiro livro da série **Manuais Ericksonianos para trabalhar com grupos**, graças ao INDESOL que deu o último empurrão ao financiar a publicação de 500 exemplares para serem distribuídos entre psicólogos de escolas públicas.

A todos os que contribuíram, quero agradecer pelo apoio, assim como a todos os participantes destes grupos e aos terapeutas que os coordenaram ao longo de quinze anos. Seus comentários me permitiram continuar melhorando.

Na realidade, cada vez que escrevo, teria que agradecer a muito mais pessoas:

- a meus filhos e netos, Andrés, Cecilia, Rodolfo, Daniel, Elena, Rodolfito, Ana Ceci, Renata, Roberto, Aranza, Sofía e Martín, que enchem minha vida de cores, de Luz e de Amor que depois vou compartilhando pelo meu caminho; mas, de maneira especial, a Cecilia com quem tive a oportunidade de compartilhar também profissionalmente. Seu apoio foi muito importante para mim neste último ano;

- a meus colegas, terapeutas do Centro Ericksoniano do México, com quem há uma retroalimentação e apoio constante: Margarita, Cécile e Francisco;
- a minha equipe de administradores do Grupo Centro Ericksoniano do México que, ao se ocuparem eficientemente do funcionamento de toda a estrutura, permitem-me estudar, pensar, ensinar, escrever. Agradeço-lhes porque, dia após dia, colocam as bases para tornar realidade todas as idéias que me ocorrerem. Eu os cito em ordem de chegada ao Centro: Alfredo, Natividad, Miguel Ángel e Margarita;
- a todo o pessoal administrativo que sustenta e opera a estrutura do Grupo: Rosi, Efigenia, Mercedes, Fernando, Alfonso, Saúl, Carmen, Diana, Carolina, Raúl, a senhora Soco, o senhor Alejandro, nossa contadora, Maru e nossa corretora de estilo, Malú;

- a meu grupo de quinta-feira à noite: Antonio, Chano, Denise, Letty, e ao de quinta pela manhã: Cécile, Margarita, Márgara, Beatriz, Francisco, Cristina, Natividad e Miguel Ángel, por me ajudar a crescer e a cumprir minha Missão;
- a nossos mestres que compartilham seus conhecimentos e vivências com nossos alunos: Alejandra, Juanita, Marcelo e a todos os alunos que dão sentido à nossa vocação de ensinar;
- a Marilia Baker, conselheira internacional e carinhoso apoio constante;
- a todos os terapeutas de *Yo Soy Creciendo*, que nos ajudam a ajudar;
- a Marta Ulloa, responsável pela impressão, sempre disposta a dar idéias e a correr para que o material saia a tempo;
- a meus Mestres...

PREFÁCIO À EDIÇÃO BRASILEIRA

Grupo de Crescimento, o sexto livro da Dra. Teresa Robles traduzido para o português, pode ser considerado um pioneiro do trabalho Ericksoniano com grupos. Nele, a genialidade da Dra. Teresa Robles se faz presente, ampliando, avançando dentro do legado de Milton H. Erickson.

Mesmo psicoterapeutas de outras linhas podem utilizar os exercícios deste livro. Para isto, o psicoterapeuta precisa ser uma pessoa de fé. Fé na possibilidade de crescimento inerente ao homem, fé na existência de um centro norteador, organizador do psiquismo, fé nos recursos internos e aprendizagens de cada ser.

Tenho percebido, por parte dos psicoterapeutas ericksonianos, uma demanda por um embasamento de trabalhos em grupo. Muito se falou e publicou sobre terapia feita sob medida para cada cliente. Como respeitar a individualidade de cada um e ao mesmo tempo trabalhar em grupo é o que a Dra.

Teresa Robles nos proporciona neste trabalho. Ela propõe que, mesmo que cada pessoa seja única e tenha vivências únicas, todos nós, por sermos humanos e vivermos em sociedade, somos muito parecidos em muitas coisas. Assim, podemos trabalhar com temas universais nos grupos, tais como origem, nome, força do inconsciente, crescimento saudável, dificuldade de relacionamento com os outros e consigo mesmo, consigo mesma, disfarces, emoções, sexualidade, crenças limitantes, intimidade, confiança em si próprio e na vida.

No Instituto Milton H. Erickson de Belo Horizonte, temos trabalhado com este *Grupo de Crescimento* já há mais de nove anos e os resultados têm sido excelentes. Os clientes falam de mudanças muito significativas em suas vidas. Muitos exercícios trabalham o simbólico, metaforicamente, de forma indireta e as mudanças ocorrem internamente.

Os resultados têm comprovado que o trabalho em grupo com estados amplificados de consciência podem ser mais fortes do que o trabalho individual.

Algumas pessoas têm dificuldades para perceber imagens durante o trabalho. No *Grupo de Crescimento*, elas podem aproveitar das imagens trazidas pelos companheiros de grupo. E, na nossa experiência, elas já começam a ter suas próprias imagens depois de algumas sessões.

E é com muita satisfação que compartilho com vocês um pouco da nossa experiência de aplicação do *Grupo de Crescimento* no Brasil, sob a forma de um capítulo neste livro. Depois de algumas aplicações, sentimos que, para algumas pessoas, uma introdução mais lenta ao trabalho com estados amplificados de consciência poderia ser mais interessante. Assim, desenvolvemos uma sessão anterior à primeira sessão do trabalho original da Dra. Teresa Robles. Talvez, a necessidade dessa sessão inicial no Brasil se dê por uma diferença cultural em relação à população mexicana. E fico feliz de incluir, também, uma técnica que desenvolvemos aqui, que é o uso dos adesivos que estão incluidos no final do livro. Esses adesivos foram desenvolvidos em um outro trabalho em nosso Instituto, e no qual utilizamos das palavras protetoras que a Dra. Teresa Robles nos traz: protegidamente, confortavelmente, saudavelmente, automaticamente, aprendendo e desfrutando.

Esta é uma obra fundamental para que possamos atender de uma forma efetiva e mais econômica a um número maior de pessoas, possibilitando um crescimento saudável... Sidney Rosen disse: "Erickson não estava interessado nos insights e nas associações do paciente. Ele tinha claro seu objetivo, que era o de levar o paciente a ter uma visão positiva da vida e sobre si mesmo."

A Dra. Teresa Robles comentou já muitas vezes que esse mundo funciona às avessas do que deveria ser: não conhecemos nem reconhecemos nosso corpo, rechaçamos nossas emoções e atuamos segundo um conjunto de regras ao invés de simplesmente ser como somos. E este livro é mais um pouco da sua contribuição para que o mundo funcione naturalmente como deveria ser, sua contribuição para que mais pessoas, em um tempo curto, comecem a viver em harmonia e paz, funcionando como naturalmente são.

DRA. ANGELA COTA
Diretora Geral e Psicóloga Clínica do Instituto Milton H. Erickson de Belo Horizonte

1
Introdução
O Trabalho Ericksoniano com Grupos

Neste mundo traidor,
nada é verdade nem mentira,
tudo é de acordo com a cor
da lente com que se mira.
- Ramón de Campoamor

E assim é a psicoterapia. As estratégias e as técnicas somente têm sentido a partir da epistemologia, ou maneira de ver o mundo, de quem as propõe e dos marcos teóricos que daí se derivam.

No Centro Ericksoniano do México, estamos construindo novas maneiras de fazer psicoterapia, incorporando outros marcos de referência.

Tudo é de acordo com a cor da lente com que se mira...

Para Freud, a origem de todas as patologias está em nossos primeiros anos. Para Milton H. Erickson, nos mesmos anos, acontecem as aprendizagens fundamentais, estruturantes, que nos permitirão resolver as dificuldades que a vida nos apresenta. Os analistas transacionais encontram em todos os seus pacientes um adulto, um pai e uma criança. Os psicoterapeutas dos estados do ego encontram diferentes personalidades (estados do ego) que aparecem, entram em conflito, negam-se a mudar.

Tudo é de acordo com a cor da lente com que se mira.

A maior parte da bibliografia sobre Psicoterapia de Grupo tem um marco de referência psicanalítico e, a partir desse marco, propõe o enquadre e as técnicas. Já que a criação da neurose de transferência e sua solução através da análise são o eixo central do trabalho psicanalítico, procura-se detectar e trabalhar a transferência entre os participantes e de cada participante com o grupo, com o terapeuta e com a instituição ou o mundo externo.

W. Bion propõe que todos os grupos passam, em sua evolução, por três momentos: de dependência; de ataque e fuga; e de espera por um Messias. Podemos encontrar esses três momentos em todos os grupos de enfoque psicanalítico, porque dentro da psicanálise está é a lente.

Milton H. Erickson dizia que a comunicação (e podemos dizer, a realidade) tem múltiplos níveis: o nível dado pelas palavras ou ações, o encoberto, o que surge do contexto e muitos mais. A teoria é a lente com a qual observamos os fenômenos, e essa lente-teoria atua como filtro que ressalta o que queremos observar e apaga um pouco o restante.

Através da nossa lente, construímos uma versão da realidade, aquela que se encaixa com nossa teoria e, então, em função dela, atuamos tecnicamente.

Tudo é de acordo com a cor da lente com que se mira.

Como Milton H. Erickson, no Centro Ericksoniano do México, partimos do princípio de que a terapia é parte da vida e a transferência, um aspecto a mais nas relações humanas. Propomos que, ainda que cada pessoa e cada vida sejam únicas, todos, pelo fato de sermos humanos e compartilharmos das mesmas experiências básicas, somos, no fundo, muito parecidos. E, claro, os que crescem na mesma sociedade e cultura são ainda mais parecidos. Isso nos permite trabalhar, com os grupos, temas universais, como as feridas, os disfarces que nos colocam, etc.

A proposta deste grupo é não ser um grupo de terapia, pois os participantes não vão falar de seus problemas nem de sua vida. É um grupo para crescer junto. Na realidade, mesmo não sendo um grupo de terapia, os resultados, sim, são terapêuticos. Ao trabalhar temas universais, muitos problemas são resolvidos. E prefiro estabelecer este grupo como não sendo de terapia para evitar a ênfase nos problemas. Assim, é possível normalizar as situações que aparecem, assinalando que *isto acontece a todos nós*, e é possível, também, trabalhar de forma indireta situações constrangedoras, dolorosas ou que causam medo.

Por outro lado, o trabalho em grupo com estados amplificados de consciência[1] é mais forte que o trabalho individual. Quem faz meditação sabe disso muito bem. É diferente meditar sozinho e meditar em grupo. É diferente escutar um concerto sozinho, com um aparelho de som excelente, do que escutar um concerto em um teatro cheio.

Quando se faz um exercício de transe hipnótico sobre um tema em um grupo, os símbolos que aparecem representam a forma particular desse tema para cada pessoa. Os participantes descrevem para o

[1] Segundo a neurofisiologia, podemos distinguir entre o estado de vigília, em que estamos despertos refletindo com idéias, e os estados alternativos de consciência, que agora são conhecidos como estados amplificados de consciência, porque, ao mesmo tempo em que nossa atenção está voltada para o interior, podemos continuar percebendo o que acontece fora. Nestes estados, nossa mente funciona de uma maneira diferente.

grupo o que imaginaram. Por exemplo, alguém pode contar que imagina sua dificuldade em seu relacionamento com os outros como uma colônia de ouriços-do-mar, que não podem se aproximar porque espetam. Ao escutá-lo, assim como ao ler o exemplo, todos nós imaginamos a colônia de ouriços e, ainda que os ouriços-do-mar sejam o símbolo dessa pessoa, ao imaginá-lo, o fazemos com as referências de nossa história. Quando essa pessoa nos conta que, ao sentir sua respiração, os ouriços se converteram em disfarces que cobriam duendezinhos que estavam no fundo do mar nadando, e que se davam as mãos e saíam à superfície, todos imaginamos também a solução. Assim, resolvemos o aspecto correspondente aos ouriços-do-mar em nossos relacionamentos que, talvez, não tenha aparecido em nosso símbolo porque este representa nossa dificuldade fundamental nesse momento. Assim, as imagens dos outros nos ajudam a resolver outros aspectos que, provavelmente, em um trabalho individual, levariam muito tempo para surgir por si só, já que nós e nossa mente inconsciente teríamos outras prioridades.

Se uma pessoa tem dificuldades para imaginar e evocar símbolos, o trabalho ericksoniano em grupo permite que esta pessoa faça suas as descrições dos outros, trabalhe então consigo mesma e, depois de algumas sessões, quase sempre começa a imaginar.

Mesmo sabendo que cada profissional deverá adaptar este grupo à sua própria teoria, técnicas e enquadre, gostaria de comentar como é nosso trabalho.

Recomendações ao coordenador do grupo, através da lente ericksoniana

1 - Evitar colocar na pessoa a responsabilidade da mudança durante o exercício. Propor-lhe que deixe o trabalho nas mãos de sua respiração, enquanto observa o que acontece;

2 - Evitar pôr a ênfase nos problemas, pondo-a nas soluções;

3 - Encontrar as aprendizagens dos maus momentos que já superamos;

4 - Normalizar as situações que apareçam, situando-as no contexto em que se deu e no contexto social maior, permitindo a compreensão de que outra pessoa, nessa situação, teria reagido de maneira similar;

5 - Detectar as crenças limitantes que os participantes têm como postulados inquestionáveis;

6 - Utilizar a linguagem metafórica que é mais confortável, rica, imaginativa e abre a porta ao estado amplificado de consciência;

7 - Falar de si mesmo, de si mesma, colocar exemplos de sua vida;

8 - Respeitar o silêncio de quem não quer comentar. Recordar que este não é um grupo de terapia, e assegurar-se de que todos se sintam bem;

9 - Aconteça o que acontecer durante o exercício, havendo imagens ou não, mudem ou não, sugerir que tudo está bom. O sinal de que o processo vai por um bom caminho é uma sensação de bem-estar ou a aparição de uma sensação agradável;

10 - Se alguém se sente mal em um exercício, pedir ao resto do grupo que imagine o que está acontecendo a essa pessoa, que cada um ajude a resolver isso com sua respiração e comente as soluções.

O Grupo de Crescimento está estabelecido para acontecer em 10 a 12 sessões de uma hora e meia. Nos capítulos seguintes, exponho o conteúdo de cada sessão. Abaixo de cada subtítulo, apresento o que chamamos de a conversa hipnótica correspondente a esse tema.

Assim, o coordenador introduz o tema da sessão utilizando linguagem hipnótica[2], ou seja, falando de maneira que convide os participantes a olhar para seu interior, sentindo, lembrando, evocando imagens. Pode-se pedir a eles idéias ou exemplos de sua vida que completem a proposta, sem permitir que ninguém fale demasiadamente nem explique as imagens ou as anedotas racionalmente.

Em seguida, trabalhamos o tema com exercícios ericksonianos. Você pode fazê-lo, se quiser, da maneira que corresponda à sua técnica. Entretanto, aqui, os exercícios estão redigidos para que possam ser lidos em voz clara, pausada e numa entonação que capte a atenção dos membros de seu grupo.

---

[2] Ver ROBLES, Teresa. *Concerto para quatro cérebros em psicoterapia*. Belo Horizonte: Diamante, 2001, 2ª. Parte "Como se re-constrói a realidade"; e ROBLES, Teresa. *Terapia feita sob medida*: um seminário ericksoniano com Jeffrey K. Zeig, 2. ed. rev. Belo Horizonte: Diamante, 2005.

Como em todo nosso trabalho e como parte das medidas para proteger as pessoas, colocamos a mudança nas mãos da respiração[3] e todo o processo nas mãos de nossa Parte Sábia, que para Erickson era nossa mente inconsciente e que, como verá mais adiante, para nós é mais do que isso, é nossa Essência.

Depois de cada exercício, pede-se aos participantes que comentem as imagens e sensações que apareceram. Como já assinalei, se alguma pessoa sente que algo não foi resolvido ou está incomodada, desconfortável, podemos pedir a todo o grupo que imagine o obstáculo desta pessoa e ajude a resolvê-lo com a respiração.

O melhor indicador de que o exercício correu bem é que a pessoa se sinta confortável. Antes de terminar, pode-se sugerir: *observe como aparece uma sensação agradável que antes não existia ou uma que já existia e se fez mais clara; esse é o sinal de que tudo está bem, como parte de um processo que continua por todo o tempo necessário, com cada respiração.*

---

[3] Ver ROBLES, Teresa. *A magia de nossos disfarces*. Belo Horizonte: Diamante, 2001, cap. 2 – "E sua respiração está digerindo.", pp. 29-37.

É muito importante assegurar-se de que, ao terminar a sessão, todos se sintam bem. Se os exercícios em grupo começam a mexer em situações de vida complicadas de algum participante, pode-se recomendar que tenha algumas sessões individuais para resolvê-las, enquanto continua seu trabalho no grupo.

Em cada sessão, você encontrará referências bibliográficas, que pode consultar, para ter uma visão mais completa da forma com a qual manejamos um tema determinado, assim como da teoria que o sustenta.

2
MEU NOME E MINHAS HERANÇAS

por Angela Cota

Apresentação

Vamos iniciar os nossos trabalhos com um exercício em que todos se apresentem. Assim, vamos falar de algo que considero muito importante que é o nosso nome, que é nossa identidade e que contém muito da nossa história.

Eu gostaria, então, que cada um de nós se apresentasse dizendo "Eu Sou", e dissesse seu nome completo. Por exemplo, Eu Sou ... (e o coordenador diz seu nome completo). Depois que a pessoa disser seu nome, conta a história do seu próprio nome: quem escolheu, razões para a escolha, se é alguma herança, alguma peculiaridade relativa ao nome, o significado do nome, o que seu nome representa para si mesmo, para si mesma. E continua falando sobre os sobrenomes, materno, paterno, ou de algum cônjuge ou ex-cônjuge.

Falem dos sobrenomes significativos, mesmo que você não tenha todos os sobrenomes. Os sobrenomes representam as famílias das quais essa pessoa vem, de onde sua história se originou ou a qual se integrou depois. Pouco a pouco, cada um de nós passou a fazer parte dessas famílias, e incorporamos algumas aprendizagens, algumas heranças.

Comentários para o coordenador do grupo

Em seguida, o coordenador se apresenta dizendo: "Eu Sou (seu nome completo)", e contando a história do seu nome e dos seus sobrenomes. A seguir, cada participante fará o mesmo. É importante que cada participante comece a se apresentar dizendo: "Eu Sou (seu nome completo)". Se assim não acontecer, peça para que ele comece novamente.

O coordenador pode intervir educadamente para que os participantes não se alonguem demais com situações muito específicas, problemas com os pais, familiares, etc. O importante é que cada participante volte seu olhar para si próprio e sua história pessoal.

Exercício para acomodar as aprendizagens e emoções eliciadas

Como dissemos, o nosso nome é importante, pois nos diz de nossa história, de nossa identidade social. Porém, é interessante lembrarmos que o nosso nome não nos diz sobre o nosso destino, não nos diz onde chegaremos. Nas próximas sessões, nós trabalharemos vários pontos relativos a nossa identidade, à nossa história e às nossas heranças.

Agora, eu gostaria que vocês se assentassem de forma bem confortável, confortavelmente. Desvencilhando-se dos seus pertences, você pode, agora, fechar os seus olhos e vá para dentro. E você escuta a minha voz, as minhas palavras, e você escuta a você mesmo, a você mesma. Escutando a você mesmo, a você mesma, perceba as lembranças que você teve quando falava sobre o seu nome e seus sobrenomes, lembre-se das emoções que apareceram aí, suas aprendizagens e as sensações no seu corpo que essas lembranças trazem.

E você pode deixar, por um momento, protegidamente e confortavelmente, que essas lembranças, emoções e sensações se acomodem aí, internamente, ratificando essas aprendizagens, percebendo sua respiração, renovando saudavelmente e resolvendo o que tem que resolver. Sentindo sua respiração, que é vida saudável, passando num sentido e no outro por suas narinas, observe como, sem que você precise fazer nada, ela está ativando todos esses aprendizados, resolvendo todas as pendências que precisa resolver, saudavelmente, protegidamente. Deixando que a respiração vá fazendo o que tem que fazer, respire profundamente e abra os seus olhos.

Contrato e forma de funcionar

Em seguida, o coordenador expõe a forma de funcionamento do grupo, assim como suas regras: horários, ausências, custos e forma de pagamento, que dependerão das normas de cada instituição.

Exercício para revisar e renovar a bagagem que cada um traz

E, agora, eu gostaria que você buscasse uma posição confortável para você. E você pode fechar os seus olhos, observando a sua respiração. Percebendo o ar entrando e saindo, sem alterar nada. Observando o movimento dos pulmões ao encher de ar e se esvaziar. Sentindo a temperatura do ar passando pelas suas narinas ou pela boca.

E agora, visualizando como numa tela de cinema, imagine que você é um viajante. E, como viajante, em sua longa caminhada, você vai passando por muitos lugares. Muitos lugares... e de cada um, vai levando alguma coisa. E sua bagagem vai aumentando. Às vezes, você adquire um objeto sem saber porque. Outras vezes você já sabe qual vai ser sua finalidade. Você pode ainda ganhar muitas coisas, e também achar outras no seu caminho. Tudo você recolhe, ajunta, acumula, guarda em sua bagagem. Coisas que vê, que ouve, que percebe, que sente, que experimenta. E com isto sua bagagem vai crescendo, crescendo... Vai-se tornando pesada, difícil de carregar, desorganizada, muito cheia, quase sufocante...

E chega o momento em que você se sente cansado, e tem necessidade de parar e começar a organizar a sua bagagem. Muitas vezes você não tem tempo de fazer isso enquanto caminha. Então você para em um lugar agradável, seguro, tranqüilo, reconfortante. Um lugar bem próprio para se organizar e organizar as coisas. E você começa a abrir a sua mala, as suas malas, e a olhar o conteúdo de seus pacotes. Você vai revendo os seus conteúdos, jogando fora o que não precisa mais, guardando o que lhe é útil. E enquanto você faz isso, você se recorda de coisas que tiveram ou têm algum significado para você. Encontra na sua bagagem coisas que nem sabia que você tinha. E aos poucos, você vai arranjando uma nova disposição para todos os seus pertences, ajeitando a sua bagagem. Você escolhe tudo o que quer levar consigo.

E depois disso, com todas as coisas arrumadas, refeito, renovado, descansado, você retorna à sua viagem.

E se você precisar, tome mais tempo para rearranjar a sua bagagem.

E você leva consigo, agora, a sua bagagem. Ela pesa. Mas você sabe que ela constitui toda a sua riqueza e patrimônio.

Agora, respire profundamente e, guardando as sensações agradáveis que tem agora, você pode abrir seus olhos para dividir conosco o que quer que você queira dividir...

Comentários dos participantes sobre o que aconteceu durante o exercício

Agora, quem quiser compartilhar alguma sensação, alguma imagem com o grupo, pode fazê-lo. Quem quiser apenas escutar, fique escutando porque eu tenho certeza de que vai aprendendo com o que os outros estão compartilhando. Todos vão crescendo juntos.

Comentários para o coordenador do grupo

É importante anotar os comentários, especialmente expressões metafóricas, para voltar a eles em outros momentos do grupo.

Exercício de acompanhamento da respiração

Vamos observar um pouco, agora, uma coisa muito importante para todos nós: a nossa respiração. A respiração é vida, é saúde, é renovação. Conforme vocês poderão perceber, muito do nosso trabalho nesse grupo é feito a partir da nossa respiração. Então, nós vamos treinar um pouco, agora, observar a nossa respiração.

Fechem os olhos por um momento e comecem a prestar atenção na sua respiração... E você pode perceber o ar passando pelas narinas, entrando e saindo. Sem alterar nada... Você pode perceber o ar chegando até os pulmões... Você pode perceber os pulmões se enchendo e esvaziando... E você pode perceber a temperatura do ar ao passar pelas narinas. E eu gostaria que, a cada vez que você inspirasse, repetisse mentalmente a palavra "inspirando". E a cada vez que você expirasse, repetisse mentalmente "expirando". Repita isso de três a cinco vezes. E agora, respire profundamente e abra seus olhos.

Como estão? Bem? Relaxados? Vocês podem verificar que, no momento em que você fecha os olhos e presta atenção por um momento na sua respiração, você pode se relaxar um pouco. E esse exercício pode ser feito 10, 15, 20, 30 vezes ao dia, toda hora. No trânsito, por exemplo, quando para no sinal, você pode olhar fixamente no sinal vermelho, prestar atenção na sua respiração e repetir mentalmente, "expirando", "inspirando". E você vai estar aproveitando aquele momento. No trabalho, em casa, a qualquer hora.

E vocês podem, a partir de hoje, sempre que se lembrarem, fazerem este exercício de prestar atenção na sua respiração.

Comentários para o coordenador do grupo

No Instituto Milton H. Erickson de Belo Horizonte, distribuímos a cada um dos participantes seis adesivos coloridos com as palavras "INSPIRANDO" e "EXPIRANDO", como os adesivos incluídos nesse livro. Cada adesivo tem uma das seguintes palavras protetoras[1]: "CONFORTAVELMENTE", "PROTEGIDAMENTE", "AUTOMATICAMENTE", "SAUDAVELMENTE", "APRENDENDO" e "DESFRUTANDO". Instruímos os participantes a colarem os adesivos em locais significativos para eles e, cada vez que virem um adesivo, pratiquem o exercício de prestar atenção na sua respiração.

Finalização da primeira sessão

Finalizar pedindo para cada participante dizer uma palavra que lhe venha a cabeça naquele momento. Anotar as palavras, pois elas podem ser utilizadas em outros momentos.

---

[1] Uma discussão teórica sobre o uso dessas palavras está em ROBLES, Teresa. *A magia de nossos disfarces*. Belo Horizonte: Diamante, 2001, Cap. 1 – *Aprendendo, desfrutando, saudavelmente, automaticamente*, pp. 23-27.

3
INTRODUÇÃO À RESPIRAÇÃO, À NOSSA PARTE SÁBIA E AO CRESCIMENTO SAUDÁVEL

Introdução

Perguntar aos participantes: Como foi sua semana? Praticaram com freqüência o exercício de prestar atenção na respiração?

Introdução à respiração[1]

Vamos usar a nossa vontade e o nosso esforço para fazer parte do grupo, para vir aos encontros. Para isso, vamos nos esforçar. Mas, durante os exercícios, vamos evitar usar a vontade, nos colocando como observadores do que acontece em nossa mente, em nosso corpo. Utilizaremos a

[1] Ver ROBLES, Teresa. *A magia de nossos disfarces*. Belo Horizonte: Diamante, 2001, cap. 2 – "E sua respiração está digerindo.", pp. 29-37. Você pode encontrar um texto em conversa hipnótica para introduzir a respiração como mecanismo de mudança em ROBLES, Teresa, *Revisando o passado para construir o futuro*: manual de auto-hipnose. Belo Horizonte: Diamante, 2001. p..26.

respiração como o mecanismo de mudança saudável que resolve o que aparece em nossa mente, em nosso corpo, quando estamos fazendo os exercícios. A respiração está sempre se auto-regulando, auto-ajustando e é um mecanismo automático e saudável. Como estamos respirando todo o tempo, a mudança continua depois do exercício, depois da sessão, durante o tempo necessário.

Introdução ao Eu Sou

Para Milton H. Erickson, o criador destas técnicas, em nossa mente inconsciente encontram-se todas nossas experiências de vida, que são recursos, aprendizagens. Essas experiências são utilizadas por nós para resolver as dificuldades que a vida nos apresenta. Por isso, para ele, o inconsciente é como uma Parte Sábia.

Neste trabalho, damos um passo além desse. Você sabia que a Física Quântica propõe que toda a informação do Universo encontra-se em cada uma de suas partes? Isso é o que torna possível que se possa clonar uma ovelha a partir de uma de suas células.

Dentro de mim, assim como dentro de você, como parte do Universo, está a informação de todos os tempos[2]. Eu completa, completo, sou minha Parte Sábia, que sabe o que é bom para mim e, logo, é muito mais do que a mente inconsciente. Minha Parte Sábia é minha Essência, quem realmente sou, e o que me faz igual a todos os seres humanos, a cada uma das árvores do bosque, ao bosque todo, ao sol, à lua e às estrelas. Como eu completa sou minha Parte Sábia, gosto de chamá-la Eu Sou. Eu Sou é também um dos sete grandes nomes sagrados de Deus em hebreu. É o nome do Deus dentro de mim. Para algumas pessoas, o Eu Sou pode ser uma parte divina, para outras, "o Deus dentro de mim" é simplesmente uma linda metáfora.

Perguntar: Vocês acreditam que têm uma Parte Sábia? Como a chamariam?

---

[2] Para conhecer mais sobre esse tema, consulte: *El universo como um holograma, ¿existe la realidad objetiva o es el universo um fantasma?*, arquivo baixado de "World of Sai Baba", Internet, México, D. F., setembro de 1998. E para conhecer a forma em que integro este tema à terapia, ver CORZO, Iris, *Entrevista a Teresa Robles*: un nuevo estilo de hacer terapia. Cidade do México: Alom, 2001.

Mesmo que geralmente as pessoas respondam que sim, se alguém diz que não, pergunte-lhe se lhe é confortável falarmos em Parte Sábia no transcurso do grupo e que pode ser interessante se abrir para a possibilidade de percebê-la, sendo este um dos passos no caminho do crescimento.

Como o Eu Sou nos conhece desde sempre, de dentro para fora e sabe o que é bom para nós, vamos colocar em suas mãos este trabalho que se inicia. Também vamos colocar em suas mãos cada uma das sessões e os exercícios que aqui faremos.

Exercício para despertar o Eu Sou e se colocar em contato com ele

Você pode, agora, dar a você mesmo, você mesma um momento para se colocar confortável, e sentir sua respiração, que é vida saudável. Sinta o ar passando através de seu nariz ou de sua boca num sentido e em outro, confortavelmente, protegidamente. Sua respiração é a vida em movimento dentro de você... e além de você... Sinta sua respiração assim como você está, respirando naturalmente, sem mudar nada.

Sua respiração chega a todas as suas partes, a você todo, a você toda, completo, completa e em cada uma de suas partes faz o que tem que fazer, saudavelmente, protegidamente. Cada vez que o ar entra e sai, automaticamente, sua respiração chega a todas as suas partes, limpando o que tem que limpar, acomodando o que tem que acomodar, digerindo as emoções bloqueadas em sua história, curando o que tem que curar, confortavelmente, sempre protegidamente.

Sua respiração chega ao mais profundo de você e comunica você com o que está fora, com os outros, com este grupo, com o Universo e, aí, em seu íntimo, chega à sua Parte Sábia, ao Eu Sou e o está despertando, expandindo, a cada respiração.

E você pode, agora, conversar com o Eu Sou dentro de você, pedindo-lhe que tome em suas mãos o trabalho deste grupo e, com isso, tome em suas mãos o trabalho de crescimento e evolução de sua vida. Peça ao seu Eu Sou, à sua Parte Sábia, que lhe dê uma cor para dissolver tudo o que poderia atrapalhar, para que, assim, este trabalho se dê facilmente, protegidamente, agradavelmente, a cada respiração.

Você já percebeu que cor lhe deu? Se você percebeu ou não, despreocupe-se, essa cor já está aí, trabalhando para você, automaticamente, confortavelmente.

E você pode agradecer e fazer um trato com o seu Eu Sou: proponha que você vai desejar com toda sua alma o que seja bom para você, para sua família, para seu trabalho, para este planeta e que Ele se ocupe de fazer com que isso aconteça, pelos caminhos que Ele decidir. Prometa-lhe que você vai experimentar esses caminhos, aproximando das portas que lhe forem apresentadas e que você só vai seguir os caminhos e só vai atravessar as portas que lhe produzam alegria, bem-estar e paz.

Agradeça-lhe outra vez, respire profundamente e, guardando as sensações agradáveis que tem agora, você pode abrir seus olhos para que comentemos a experiência.

Comentários dos participantes sobre o que aconteceu durante o exercício

Agora, quem quiser compartilhar alguma sensação, alguma imagem com o grupo, pode fazê-lo. Quem quiser apenas escutar, fique escutando porque eu tenho certeza de que vai aprendendo com o que os outros estão compartilhando. Todos vão crescendo juntos.

Comentários para o coordenador do grupo

É importante anotar os comentários, especialmente expressões metafóricas, para voltar a eles em outros momentos do grupo.

Crescimento saudável

Segundo muitos autores, como Milton H. Erickson, Carl Rogers, entre outros, todos nós tendemos ao crescimento e ao bem-estar. Eu concordo. Mas, se é assim, por que aparecem os problemas? Em parte, porque antes que nosso sistema neurológico estivesse maduro e nos permitisse analisar a informação para aceitá-la ou rejeitá-la, absorvemos como esponjas tudo o que nos chegou e, como o processo através do qual absorvemos foi inconsciente, essas idéias ficaram funcionando como postulados de vida que não questionamos. E como muitas delas atrapalham nosso bem-estar, convertem-se no que Robert Dilts chama crenças limitantes[3]. Estaremos vendo essas crenças ao falar sobre os diferentes temas.

> **Perguntar**: O que é para cada um de vocês crescimento saudável?
>
> Permitir que aqueles que quiserem, comentem sobre o tema. Depois, o coordenador pode dar seu ponto de vista e, se quiser, também me citar.

Para mim, Teresa Robles, e creio que para muitos ericksonianos, *crescer* saudavelmente é digerir as experiências de vida, aprender com os erros, desenvolver novas habilidades, aprender a abrir portas e experimentar caminhos para decidir qual tem coração.

---

[3] Ver DILTS, Robert et. al. *Crenças*: caminhos para a saúde e o bem-estar. 3. ed. São Paulo: Summus, 1993.

Os caminhos com coração são aqueles que nos trazem alegria e bem-estar a cada passo[4] e, por isso, nós sentimos que o caminho é uma parte nossa e que nós somos parte do caminho. Eles são percorridos facilmente, desfrutando.

Exercício para ativar o crescimento saudável

Você pode, agora, colocar-se numa posição confortável, aí onde você está e com seus olhos fechados pense por um momento no que acabamos de comentar. O que é crescimento saudável? (Repetir o que foi dito nos comentários, como respostas possíveis: *pode ser* tal ou qual coisa... ou *talvez*...?) Observe o que você sente, o que seu corpo sente ao refletir sobre isso. Sinta sua respiração, observando como, a partir dessas reflexões, dessas sensações e emoções, aparece aí, representado de alguma forma, o CRESCIMENTO SAUDÁVEL, o que para você é CRESCIMENTO SAUDÁVEL...

[4] Don Juan, o curandeiro indígena, fala a Carlos Castaneda sobre os caminhos com coração. Este texto é citado e colocado em um contexto de crescimento em ROBLES, Teresa. *Concerto para quatro cérebros em psicoterapia*. Belo Horizonte: Diamante, 2001, pp. 93-94.

Você já se deu conta do que apareceu? Sempre aparece algo. Pode ser uma lembrança, uma imagem, uma cor, uma idéia, uma sensação física, qualquer coisa, inclusive uma escuridão ou um nada...

O importante é o que aparece primeiro. Você pode observá-lo detalhadamente, sentindo sua respiração que chega até isso que aparece, seu crescimento saudável, e que vai renovando-o saudavelmente, vai ativando-o cada vez que o ar passa através de seu nariz, num sentido e no outro, automaticamente.

Você já se deu conta de como o crescimento saudável está se renovando, de como está se ativando a cada respiração?

Agora, observe como, sem que você faça nada, sua respiração faz entrar o seu crescimento saudável dentro de você, e ele se coloca confortável aí, ocupa seu lugar dentro de você, exatamente o lugar que lhe corresponde, confortavelmente, saudavelmente.

Você já se deu conta de como se sente sendo um com o crescimento saudável? Agora o crescimento saudável e você são uma mesma coisa. Você está aprendendo a crescer saudavelmente de dentro para fora, em harmonia consigo mesmo e com os outros.

Quando você perceber como isso está acontecendo, porque você se sente confortável ou porque aparece uma sensação agradável ou uma sensação diferente que antes não existia, ou porque uma sensação que existia se faz mais clara, respire profundamente, guardando as sensações agradáveis que você tem agora, e abra os olhos para comentar como foi.

Comentários dos participantes

Fim da sessão

Terminar recomendando aos participantes que, durante a semana, conversem com o Eu Sou, perguntem-lhe suas dúvidas, ponham em suas mãos o que estão fazendo, desejem com toda sua alma o que querem que aconteça e observem as portas e os caminhos que são mostrados, portas e caminhos que nem sequer haviam imaginado. Que os experimentem e sigam somente os que fluem e lhes dão alegria e paz.

4
A Responsabilidade pelo Nosso Bem-Estar

Introdução

Perguntar aos participantes: Como foi sua semana? Lembraram-se de algo que se trabalhou no grupo? Conversaram com sua Parte Sábia?

Introdução ao tema

Uma coisa que nos atrapalha para estar bem é que estamos acostumados a pôr nos outros a responsabilidade pelo nosso bem-estar. Por exemplo, sentimo-nos mal porque alguém não gosta de nós, ou faz cara feia para nós ou porque fizemos planos para ir ao cinema e nosso companheiro chegou tarde, ou está triste, ou nos fala de maneira ríspida.

Se, para estar bem, dependemos dos outros, temos um problema. Em primeiro lugar, porque os outros são muitos, são livres e reagem a uma grande quantidade de estímulos, o que faz seu comportamento e seus sentimentos imprevisíveis.

Em segundo lugar, porque agem como podem, não tanto como querem.

Os outros são como são e, diante disso, a única coisa que podemos fazer é nos distanciarmos ou aproximarmos caso nos façam sentir mal ou bem.

Dá tanto trabalho tentar mudar a si mesmo e ainda queremos educar os outros! E mesmo que quiséssemos, SÓ PODEMOS TRANSFORMAR A NÓS MESMOS. As pessoas não mudam porque o vizinho quer, mas porque algo o irrita ou incomoda. Quando dependemos dos outros para estar bem, há uma grande probabilidade de ficarmos a maior parte do tempo mal.

Isto não quer dizer que algumas coisas que acontecem com as pessoas que estão mais próximas de nós não nos afetem. Podemos sentir com eles e entendê-los. Mas sabemos até onde vão eles e onde começa o Eu.

Introdução à cerca[1]

Todos nós temos uma pele que permite ver claramente que daqui para dentro é Eu, e daqui para fora é Não Eu. Todos nós precisamos, também, de um limite mental, emocional, social, uma espécie de cerca, que mostre claramente que daqui para dentro é Eu, com meus desejos, meus valores, minhas emoções, meus sonhos e daqui para fora são os desejos, os valores, as emoções, os sonhos dos outros. Essa cerca distingue claramente entre Você e o de fora. Mas precisa ser, além disso, uma cerca que proteja, que deixe passar somente o que é parte sua e lhe faz bem e deixe fora o que dentro poderia perturbar o seu bem-estar. Como a pele, essa cerca, em lugar de isolar, permite-nos comunicar com o mundo. Ela tem entradas e saídas, portas e janelas que deixam passar o que nos faz bem e que se fecham para deixar fora o que poderia nos fazer mal ou, inclusive, para jogar fora o que já deixou de nos servir.

[1] A fundamentação teórica deste exercício está publicada em ROBLES, Teresa. *A magia de nossos disfarces*. Belo Horizonte: Diamante, 2001, Cap. 3 – "Até onde eu chego e onde começam os desejos e as idéias dos demais?" pp. 39-49. O exercício completo encontra-se em ABIA, Jorge e ROBLES, Teresa. *Auto-hipnose*: aprendendo a caminhar pela vida. 2. ed. Belo Horizonte: Diamante, 2005, pp. 139-150.

Por exemplo, com a expiração, eliminamos o dióxido de carbono, que fora tem seu lugar e se ficasse dentro atrapalharia nosso bem-estar saudável. Como a pele, essa cerca nos permite tocar os outros protegidamente, acariciá-los, e também permite que os outros nos toquem.

Em algumas famílias, seus membros aprendem a construir cercas como verdadeiras fortalezas que não permitem que seus membros vejam os outros, nem que tomem conhecimento sobre o que se passa do lado de fora. Em outras famílias, ensinam que o bom é não ter cercas. São as famílias onde todos choram com o mesmo lenço e uns falam pelos outros. Assim, se perguntarmos a alguém como está, talvez a mãe ou o irmão nos responda e o interrogado concorde. Às vezes, acontece também de situações difíceis de vida estragarem nossa cerca, mas podemos conserta-la. Eu lhe convido, então, para fazer um exercício para renovar a sua cerca.

Exercício para renovar nossa cerca

Assim, onde você está, feche seus olhos e observe como está sua cerca neste momento? Como a imagina? Que tipo de cerca é? De que material é feita? Até que altura chega? Existem cercas de madeira, umas baixas e pintadas de branco, outras mais altas, outras de toras rústicas, grossas e pesadas, bem fincadas na terra. Existem cercas de ferro, altas ou baixas, desenhadas, ou com formas geométricas que se repetem, ou placas de ferro bem fechadas. Existem cercas vivas com plantas e flores. Existem, também, cercas de tijolos que podem ser pintadas ou não. Existem cercas só na frente ou cercas que fecham os quatro lados. Algumas cercas têm portas ou janelas, permitindo a entrada e saída do que precisa entrar e sair.

Enquanto você vai observando a sua cerca, você pode colocar este trabalho nas mãos do Eu Sou, de sua Parte Sábia.

Você já se deu conta de como é sua cerca? Ela dá a volta completa ao seu redor? Você se sente confortável aí dentro?

Lembrando-se de que sua respiração é o principal instrumento com que trabalha o Eu Sou, de agora em diante, somente com seu desejo, sem que você faça nada, você está consertando o que tem que ser consertado nessa cerca para que você se sinta bem aí e para que seja uma cerca que realmente lhe sirva e lhe proteja.

Se você quiser, de agora em diante sua respiração estará continuamente remodelando sua cerca, fortalecendo-a, renovando-a saudavelmente, adaptando-a a cada situação e momento de vida. Observe. Talvez haja uma boa porta que possa abrir e fechar, com um só desejo, cada vez que você precise.

E sua respiração, ao mesmo tempo está fazendo outros trabalhos para você. Sua respiração está fazendo entrar, protegidamente, automaticamente, todas essas partes suas que por alguma razão tinham ficado de fora, e está fazendo sair protegidamente todas essas partes que são Não Você e que por alguma razão se encontravam aí dentro. Ajude-as a sair protegidamente e que encontrem seu lugar do lado de fora, o lugar que lhes é apropriado, em harmonia com você.

Observando como, a cada respiração, dentro de você, suas diferentes partes se olham, se conhecem, se reconhecem, se comunicam, aprendendo umas com as outras, colaborando todas, como uma equipe, para seu bem-estar saudável. E cada parte sua está consertando lá dentro o que precisa consertar, limpando, acomodando, pondo cada coisa em seu lugar. E vai jogando fora, a cada respiração, o que já deixou de servir dentro.

Essa cerca mostra claramente que daí para dentro é Você, e daí para fora é Não Você, e aí dentro estão todas as suas experiências de vida, tudo o que tem vivido desde que nasceu e talvez desde antes de nascer. E sua respiração está digerindo essas experiências de vida e lhe nutre com o que lhe faz bem, e joga fora o que possa impedir seu bem-estar, saudavelmente, confortavelmente, protegidamente, a cada respiração.

E você pode ficar por um momento observando como tudo isso acontece e, depois, guardando as sensações agradáveis que você tem agora, deixe sua cerca e este processo de crescimento e evolução de sua vida nas mãos do Eu Sou, agradeça-o, respirando profundamente e abra seus olhos, porque este é um processo de crescimento que já se iniciou nas mãos do Eu Sou e continua pelo tempo necessário, automaticamente, a cada respiração.

Comentários dos participantes

Comentários ao coordenador do grupo

Sugerir que as cercas, o tempo todo, continuam melhorando, renovando a cada respiração, adaptando-se às diferentes situações de vida. Talvez, em alguma ocasião, a cerca possa ser de arbustos, mas, em outra, precise ser de pedra e muito alta. Cada um pode se lembrar dela quando achar que precisa dela.

Nas primeiras sessões, é muito importante informar aos participantes que, aconteça o que acontecer, está bem, mesmo que pareça estranho, desde que eles se sintam confortáveis. E dizer-lhes que evitem fazer esforços, somente observem como a respiração continua o processo.

Se alguma pessoa não imaginou visualmente ou com sensações sua cerca, nem se lembrou de uma cerca conhecida, pergunte-lhe qual das cercas descritas por seus companheiros gostaria para ela.

Nos exercícios seguintes, é importante repetir este procedimento cada vez que aconteça uma situação similar.

Retomando o tema da responsabilidade pelo nosso bem-estar[2]

Sabemos que a responsabilidade pelo nosso bem-estar não é dos outros, mas nossa. Porém, desde criança, aprendemos a colocar esta responsabilidade no mundo de fora. Acreditávamos que se papai e mamãe nos amassem nada nos faltaria. E para sermos amados deveríamos ser crianças boas e bem comportadas. Mas acontece que uma criança normal faz coisas muito diferentes do que se espera de crianças bem comportadas: corre, grita, suja-se e, às vezes, faz manha.

E como nós fomos crianças normais, crescemos acreditando que nos faltava fazer mais e mais esforços para conseguirmos ser queridos com esse amor absoluto, incondicional, que é dado às crianças boas. E aprendemos a esconder nossos erros, a nos sentir culpados de viver aquelas emoções que os outros nos fizeram acreditar que eram más. Aprendemos a nos culpar por sentir e desfrutar nosso corpo, por viver, e talvez até mesmo pelo que somos.

---

[2] Este texto e o exercício que seguem, formam parte do material de áudio, que se apresenta em CD e em fita-casssete: ROBLES, Teresa. *Para quererte tú a ti, justo como necessitas*. Cidade do México: Alom, 2002.

E tudo isso para, no final, concluir que esse amor incondicional que primeiro buscamos nos pais, depois nos professores, no companheiro e até nos filhos, não existe. Não existe no mundo de fora, porque ninguém sabe realmente como precisamos ser queridos e, além disso, cada um ama como pode, como dá conta, e não como gostaria de amar.

A única pessoa que sabe exatamente como precisamos ser queridos somos nós mesmos. E nós, sim, podemos nos dar esse carinho absoluto e vamos fazê-lo AGORA, porque se já estamos cheios de carinho, quando alguém chegar atrasado para um encontro ou nos fizer cara feia, poderemos entender mais facilmente que isso é o que ele é capaz de fazer ou o que ele está dando conta de fazer no momento. Então, veremos que o que ele fez é dele e não tem nada a ver conosco. E o que ele fez não nos afetará porque estaremos cheios de carinho em nós mesmos. Assim, o amor dos outros, quando vier, se transforma em algo extra, um presente da vida que podemos desfrutar.

Exercício para aprender a se amar incondicionalmente

E você pode, agora, fechar os seus olhos, colocando-se confortavelmente dentro de sua cerca. Agora, eu gostaria que você imaginasse que você tem em seus braços você mesmo, você mesma, recém-nascido, recém-nascida; e no seu colo está você com meses... e aí ao lado está você com um ano, nesse momento em que está se preparando para começar a caminhar e a explorar o mundo. E você pode imaginar que aí junto de você está você de todas as idades, de recém-nascido, recém-nascida, até sua idade atual e depois da idade atual, até se ver como um homem mais velho ou uma mulher mais velha, forte, cheio, cheia de sabedoria e de paz interior, com muita satisfação de ter vivido como viveu, de tudo o que superou e cresceu...

Apresentando-se a esses vocês, diga a eles:

EU SOU, (e seu nome completo), EU SOU todos, todas vocês.

E você continua, contando-lhes como passou, passaram tantos anos procurando um carinho que os outros não podiam lhe dar, sem saber que esse Amor que procurava estava dentro de você. Mas, diga a eles que isso já acabou porque agora vai lhes dar esse carinho que desde sempre estiveram procurando. Acabou o ficar exigindo ou mendigando carinho. E também vai lhes dar esse reconhecimento que tanto têm buscado de terem feito as coisas bem feitas.

Você vai repetir para eles, em voz alta, isso que vou lhe dizer:

> Eu Sou (e seu nome completo), Eu Sou todos, todas vocês e a partir de quem Eu Sou, prometo-lhes, prometo a mim mesmo, a mim mesma, amar-me sempre, incondicionalmente, absolutamente, assim como sou, completo, completa, com o que gosto e não gosto em mim, com minhas qualidades e defeitos, com meus acertos e enganos que me fazem crescer.
>
> Prometo a mim mesmo, a mim mesma, amar-me sempre, absolutamente, incondicionalmente, faça o que fizer, deixe de fazer o que deixar de fazer. Prometo a mim mesmo, a mim mesma, amar-me sempre, absolutamente, incondicionalmente, aconteça o que acontecer, haja o que houver, façam o que fizerem os outros, digam

o que disserem, pensem o que pensarem e reconheço que, a cada momento de minha vida, fiz o melhor que pude. E me felicito por isso.

E agora, você pode dar a você esse carinho que acaba de lhe prometer... abraçando você em todas as idades, tocando-se, acariciando-se, dando-se esse carinho que durante tanto tempo tem esperado. Você está aprendendo a se amar, incondicionalmente, independente do que digam ou façam os outros, independente do que aconteça. Você está aprendendo a receber carinho de você para você.

Sinta como vem esse carinho de dentro para fora de você, de seu coração, de você todo, de você toda, sentindo-o na pele e dentro de você, e desfrutando dar a si mesmo, a si mesma, e desfrutando receber, por fim, esse carinho tão desejado, tão esperado.

Agora, convide todos vocês, todas vocês a ir, com sua respiração, saudavelmente, protegidamente, entrando em você protegidamente, colocando-se confortáveis dentro de você, a cada respiração, tomando seu lugar dentro de você, preenchendo todos seus vazios, todos seus buracos, preenchendo-lhe, para que eles, elas continuem amando-lhe e acompanhando-lhe desde aí dentro, e você continue protegendo-os, abraçando-os com seu corpo, o tempo todo, de agora em diante e para sempre.

Quando quiser, guardando as sensações agradáveis que tem agora, respirando profundamente, vá abrindo os olhos. Você sabe que pode voltar a se abraçar e a se amar sempre que quiser. Mas lembre-se a toda hora, todos os dias, que você já prometeu se amar absolutamente, incondicionalmente.

Comentários dos participantes

Comentários ao coordenador do grupo

Recomendar a eles que, na cama, à noite, antes de dormir ou quando sentirem que necessitam, voltem a se abraçar, a se acariciar, a se dar esse carinho que se prometeram.

Outros exercícios que poderiam completar este tema seriam: "Eu aprendo a me ver através dos outros" (em ABIA, Jorge e ROBLES, Teresa. *Auto-hipnose:* aprendendo a caminhar pela vida. Belo Horizonte: Diamante, 2005, p. 202) e "Eu aprendo a ver os caminhos dos outros e a experimentá-los" (em ROBLES, Teresa. *Revisando o passado para construir o futuro:* manual de auto-hipnose. Belo Horizonte: Diamante, 2001. pp. 62-65).

Estes exercícios não estão incluídos como parte do texto, porque este é um trabalho projetado para durar no máximo doze sessões.

A partir deste momento, todos os exercícios serão feitos dentro da cerca como uma forma de sugerir indiretamente aos participantes que trabalhamos protegidamente com seu interior e não tanto com o que acontece fora.

5
Feridas Próprias e Herdadas

Introdução

Perguntar: como foi a semana? Lembraram-se da cerca? Utilizaram-na? Mudou ou continua igual? Vocês podem fechar os olhos agora por um instante para dar uma olhada e observar como está sua cerca neste momento. Voltaram a se dar carinho?

Introdução ao trabalho com as feridas[1]

Agora que já sabem se colocar protegidos dentro de sua cerca, podemos começar a trabalhar com as feridas[2] que vocês, eu, todos nós temos

[1] Este exercício e sua introdução são parte do material de áudio: ROBLES, Teresa. *Recupera tu fuerza de vida*. Cidade do México: Alom, 1999.

[2] Esse é um dos temas universais que quase sempre trabalho com as pessoas que me consultam. A proposta de que há feridas herdadas é de Rafael Nuñez, a forma de trabalhá-las, minha. Este tema está amplamente tratado em ABIA, Jorge e ROBLES, Teresa. *Auto-hipnose*: aprendendo a caminhar pela vida. 2. ed. Belo Horizonte: Diamante, 2005, cap. 3 – "Eu curo minhas feridas", pp. 85-93.

sofrido em nossa vida. Todas as feridas cicatrizam, se as deixamos cicatrizar, mas, às vezes, essas feridas nos assustam e as cobrimos para não vê-las e acreditamos que, assim, tudo está a salvo e, por um instante, ficamos tranqüilos. Mas, as feridas ficam abertas, esperando serem curadas.

Às vezes, são feridas grandes e profundas, outras vezes, pequeninas, mas muitas, umas sobre outras. Às vezes, acontece que, quando algumas feridas estão começando a fechar, outras se formam por cima. E o problema de cobrir as feridas abertas, para não vê-las, é que continuam doendo, continuam nos desgastando, perdemos força e energia, debilitamo-nos, e elas também podem se infeccionar.

Convido você a deixar que essas feridas se cicatrizem com sua respiração. Há pessoas que querem manter suas feridas abertas para lembrar do que fizeram a elas e evitar que isto volte a acontecer. Isso é pouco prático. É melhor lembrar, cuidar-se e proteger-se, olhando as cicatrizes, já sem dor. Tomara que você decida deixar que sua respiração, protegidamente, automaticamente, cicatrize suas feridas.

E todas as feridas cicatrizam se as deixamos cicatrizar. Para que cicatrizem, é importante deixá-las limpas e arejadas, curando-as da maneira mais protegida possível, evitando machucá-las.

E as feridas da alma, as feridas do coração, as feridas das emoções, também podem ser cicatrizadas estando cobertas, porque sua respiração que chega a todo seu corpo, a todas as suas partes, chega até às feridas por mais profundas, escondidas ou encobertas que estejam, e as vai cicatrizando. Para que esse processo comece ou continue, você precisa apenas desejar ou ter a intenção. Sua Parte Sábia faz o resto através de sua respiração.

E tudo isso ocorre confortavelmente, saudavelmente, porque não se trata, de forma alguma, de meter o dedo e machucar. Não se trata de ficar arrancando as casquinhas. Trata-se de limpá-las e curá-las e permitir que cicatrizem.

Todas as feridas cicatrizam se as deixamos cicatrizar e, quando já cicatrizaram, transformam-se em lembranças, já sem dor, desses maus momentos que já passaram.

Agora, vamos, fazer um exercício para trabalhar as suas feridas.

Exercícios para curar nossas feridas

Aí, confortavelmente, onde você está, protegidamente, comece ativando a sua Parte Sábia, repetindo internamente ou em voz alta:

EU SOU, EU SOU, EU SOU, EU SOU, EU SOU EU CURANDO MINHAS FERIDAS.

E peça ao seu EU SOU que tome sob sua responsabilidade este trabalho.

E com seus olhos fechados observe: Como são as feridas que você tem sofrido ao longo de sua vida? Como você as imagina? São como feridas feitas com um objeto cortante? Ou são pedaços arrancados? Talvez sejam machucados produzidos por golpes? Ou chagas? Ou úlceras? Que tipos de feridas são e em que estado se encontram? Estão abertas? Começando a cicatrizar? Talvez algumas ainda sangrando? Alguma estará infectada?

Como você as imagina? Observando cada uma, pode ser que as perceba como imagens ou que apareçam apenas como idéias. Imagine como são e em que estado se encontram. Lembre-se que todas, as pequeninas e as grandes, por mais horríveis que pareçam, todas cicatrizam se as deixamos cicatrizar e se paramos de colocar o dedo e arrancar as casquinhas.

A forma mais simples para cicatrizar suas feridas é você ficar observando. Você pode observá-las, da maneira como as está imaginando. Em que parte de seu corpo você as imagina?

Você pode observá-las de fora, confortavelmente, como se as estivesse vendo em um filme, de longe. Um filme que pode ficar fora de foco, se for mais confortável para você. Ou você pode pensar nelas e, ao mesmo tempo, vá sentindo sua respiração, sinta como o ar passa por suas narinas ou sua boca, em um sentido, no outro, automaticamente, saudavelmente, e deixe que sua respiração que chega a todo seu corpo, a todas as suas partes, a você completa, completo, chegue até essas feridas, estejam onde estiverem, cobertas ou ao ar livre. E aí onde estão, deixando-as cobertas caso estejam cobertas, deixando-as onde estão, muito suavemente, com muito cuidado, sua respiração as está cicatrizando, protegidamente.

Todas as feridas cicatrizam se as deixamos cicatrizar e sua respiração está cicatrizando as feridas, confortavelmente, protegidamente, saudavelmente, a cada respiração, automaticamente, cicatrizando. E, quando as feridas estiverem cicatrizadas, transformam-se em recordações, já sem dor, desses maus momentos. Elas lembram a você que você sobreviveu, que você se fortaleceu com elas e você pode aprender com elas para evitar que o que o feriu volte a ferir você novamente.

Você já se deu conta de como suas feridas estão cicatrizando? Talvez você perceba, talvez não, mas sempre cicatrizam. Tenho certeza de que antes do que você imagina poderá perceber quanto suas feridas já melhoraram.

Perguntar a todos, um por um, se já perceberam como estão cicatrizando suas feridas, se tudo está bem. Se alguém não responder afirmativamente, peça a todo o grupo que lhe ajude, cada um com a sua respiração. Essa respiração coletiva vai aliviando as feridas. Dizer que o que aparece é parte do processo de cura.

E, como já estão cicatrizando, se quiser, dê a você um momento para sentir sua respiração, lembrando-se, com todos os detalhes, de momentos reais ou desejados nos quais você já está se sentindo como quer se sentir, vivendo como quer viver, desfrutando a vida, porque suas feridas já cicatrizaram e você já aprendeu a cicatrizar, automaticamente, qualquer ferida nova que apareça.

E você pode reconstruir esse momento com todos os detalhes. Observe: que hora do dia ou da noite é? Você está sozinha, sozinho ou acompanhado, acompanhada? Lembre-se das cores, das formas, da temperatura desse ambiente sobre sua pele, escutando os sons ou o silêncio e observando como se sente bem com suas feridas já cicatrizadas, vivendo como quer viver, desfrutando a vida. E aí, onde você está, você pode sentir sua respiração com todos os detalhes, vivendo, sentindo, saudavelmente, protegidamente. Fique aí, um tempo, desfrutando.

Deixe este processo nas mãos de sua Parte Sábia, o Eu Sou, agradeça sua ajuda, faça uma respiração profunda e, guardando as sensações agradáveis que tem agora, abra seus olhos para comentar a experiência de cura que acaba de viver.

Comentário ao coordenador do grupo

Se você tem experiência de trabalho com técnicas ericksonianas e prefere fazer este exercício com suas próprias palavras, sugiro começá-lo lembrando que "todas as feridas cicatrizam se as deixamos cicatrizar" e utilizar várias vezes as palavras de proteção: *confortavelmente, protegidamente.*

Introdução ao tema das feridas herdadas

Além das feridas que nós nos fazemos ao longo de nossa vida, as feridas de nossos pais, nossos ancestrais, nossa sociedade, nosso povo, também nos doem. Se minha mãe está machucada e isso a deprime, suas feridas me afetam porque lhe dificulta aproximar-se de mim e ser carinhosa comigo.

Quem sofreu uma situação de guerra tem dificuldade para transmitir a seus filhos confiança na vida e a percepção de que têm direito a se sentir bem.

Algumas vezes é difícil desfrutar o que temos quando pessoas queridas próximas estão sofrendo ou sofreram ao longo de sua vida.

Pedir ao grupo que dê outros exemplos sobre como nos afetam as feridas dos outros.

Mas, além disso, se toda a informação do Universo está dentro de mim, de alguma maneira me afeta a dor das feridas abertas de toda a humanidade em todos os tempos, como parte dessa informação e me afeta, mais ainda, a dos grupos próximos, a que pertenço.

Assim, enquanto nossas feridas vão cicatrizando, vamos trabalhar com as feridas que herdamos.

Exercício com as feridas herdadas

Com seus olhos fechados, dentro de sua cerca, peça à sua Parte Sábia, ao Deus dentro de você, que o ajude a curar as feridas de seus pais, seus avós, das pessoas queridas próximas, de nosso povo e de toda a humanidade em todos os tempos.

E você pode observar, agora, todas essas pessoas: as queridas, as conhecidas e as desconhecidas que têm feridas que até agora têm atingido você de diferentes maneiras.

E você vai explicando a elas que todos nós nos machucamos ao longo de nossa vida, que todas as feridas cicatrizam se as deixamos cicatrizar, e que não adianta continuar cobrindo-as ou tocando-as.

Ensine a essas pessoas como elas podem curá-las com sua respiração para que parem de causar dor nelas e em você. Elas estão escutando você? Elas querem se curar? Se for assim, vamos acompanhá-las com nossa respiração para ajudá-las a curar suas feridas facilmente, automaticamente...

Mas, se algumas pessoas não querem cicatrizar as suas feridas, diga a elas:

> Agora vocês já sabem como curar suas feridas e se não quiserem fazê-lo, que assim seja. Aviso a vocês que eu vou viver minha vida desfrutando, saudavelmente, livremente, ainda que vocês não façam o mesmo.

Perguntar a todos, um a um, se tudo está bem.

E você deixa todas as pessoas e cada uma delas nas mãos da Parte Sábia de cada uma. E com a tranqüilidade de que todas as feridas, as suas, as dos companheiros no grupo e as feridas daqueles que você trouxe no exercício e que quiseram estar bem, já estão melhorando e continuam sarando a cada respiração, deixe todas as feridas nas mãos do Eu Sou, respire profundamente e abra seus olhos para comentar.

Comentários dos participantes

Comentários ao coordenador do grupo

Investigar se todos estão bem e, se não for assim, pedir a todo o grupo que, com sua respiração e/ou pedindo uma cor como na segunda sessão, ajude essa pessoa. Sugerir que, à medida que as feridas vão cicatrizando, podemos aprender com as cicatrizes, mas já sem dor.

6
Minha Dificuldade no Meu Relacionamento com os Outros

Introdução

Perguntar-lhes como foi a semana e pedir-lhes que comentem como continuaram curando suas feridas desde a sessão anterior. Podem fechar os olhos um instante para se dar conta, ou percebê-las com os olhos abertos. Que sintam sua respiração e observem como continuam curando, ainda mais.

Pedir-lhes que dêem uma olhada em suas cercas para ver como têm melhorado, talvez se completando, talvez se renovando saudavelmente a cada respiração, talvez simplesmente se enfeitando para serem cada vez mais agradáveis.

Introdução ao tema das dificuldades em nossos relacionamentos

Nesta sociedade, ensinam-nos a lutar pelo lugar do único que está bem. Aprendemos a competir ao invés de colaborar. Afastamo-nos uns dos outros. Aprendemos a desconfiar. Para as mulheres, falam mal dos homens e, para os homens, mal das mulheres, como se realmente fossem inimigos ou alguém a quem se tivesse que dominar ou manipular. E assim vão aparecendo dificuldades para nos relacionar com os outros.

Aprendemos essas dificuldades de maneira inconsciente de nossos pais, absorvendo como esponjas o que nosso sistema neurológico ainda não era capaz de analisar e aceitar ou rejeitar.

As coisas foram se complicando pelos relacionamentos com nossos irmãos e irmãs, com os avôs e avós, com os adjetivos que usaram para nos qualificar e os disfarces que nos puseram (sobre esse último, falaremos mais adiante).

Na realidade, por causa da forma como crescemos nessa sociedade, que costumo dizer que funciona às avessas do que naturalmente é, todos nós temos dificuldades em nosso relacionamento com os outros. E essas dificuldades vão mudando conforme vão se resolvendo. Por exemplo, às vezes, fazemos o que os outros querem para que gostem de nós e depois, quando tentamos ser emocionalmente independentes e deixamos de nos preocupar em agradar, agredimos os outros.

Resolve-se um tipo de dificuldade e, daí, aparecem novas dificuldades, que são mais oportunidades de crescimento.

Cada vez que resolvemos dificuldades, nós as transformamos em recursos, formas novas e diferentes de nos relacionarmos com os outros.

É como se tirássemos a camada externa de uma cebola. Temos que continuar tirando camadas até que não fique mais nada.

Convidar os participantes a dar exemplos de tipos diferentes de dificuldades

Vamos agora trabalhar com estas dificuldades

Exercício. Minha dificuldade no meu relacionamento com os outros

Com seus olhos fechados, aí onde está, você pode se colocar confortavelmente dentro de sua cerca e deixar este trabalho nas mãos de sua Parte Sábia, o Eu Sou.

Pensando no que falávamos há pouco, sobre as dificuldades no relacionamento com os outros... Que lembranças foram trazidas por essa conversa? E quais emoções? Você as sente agora? Que sensações físicas há em seu corpo? Onde você sente as sensações em seu corpo?

Sentindo sua respiração, observe como, sem que você faça nada, sua respiração vai mesclando, revolvendo, integrando seus pensamentos, suas lembranças, as emoções e as sensações, porque todos, todas têm a ver com essas dificuldades no seu relacionamento com os outros e que agora você está começando a resolver...

Você pode observar confortavelmente, protegidamente, como aparece, dessa mescla, alguma coisa que representa e é a dificuldade, as dificuldades que até agora você teve no seu relacionamento com os outros.

E, enquanto está observando protegidamente isso que apareceu, sua respiração está fazendo vários trabalhos para você. Sua respiração está procurando e encontrando em toda sua história, tudo isso que originou, fez crescer e tem mantido, até agora, suas dificuldades no seu relacionamento com os outros. Sua respiração encontra e retira isso de sua história, limpando-a.

E enquanto sua história vai ficando limpa de tudo isso, sua respiração pode ir digerindo tudo o que tirou, pode ir digerindo isso que apareceu e, ao ir digerindo, as dificuldades podem se transformar em recursos, em formas novas, diferentes, saudáveis, de se relacionar com os outros, de agora em diante.

E você se dá conta de que isso já aconteceu porque talvez a imagem mude, talvez desapareça ou continue igual, mas agora você pode se sentir diferente.

Observe bem. Pode ser que sua respiração lhe mostre como você se imagina agora nessas mesmas situações onde antes tinha dificuldades. Você já está se imaginando? Fique aí um instante observando, sentindo o que está fazendo, como está vivendo, agora que talvez já tenha mudado dentro de você isso que era necessário mudar.

Mas o sinal mais claro de que as dificuldades já se transformaram em recursos, é quando você se sente bem ou, ao menos, apareceu uma sensação agradável ou uma sensação diferente em seu corpo que antes não existia ou uma sensação agradável que já existia se fez mais presente.

O importante é que toda a força e energia que antes produziam as dificuldades, agora estão construindo recursos, formas novas, diferentes, saudáveis, de se relacionar com os outros, protegidamente.

Você pode deixar este processo nas mãos de sua Parte Sábia, este processo que continua automaticamente cada vez que você respira, durante o tempo que for necessário. Quando quiser, respirando profundamente e guardando as sensações agradáveis que tem agora, abra seus olhos.

Comentários dos participantes

Comentários ao coordenador do grupo

Além de compartilhar as imagens e os processos, é importante repetir aos participantes a forma de saber que a mudança já aconteceu: *"você se dá conta que isso já aconteceu porque talvez a imagem muda, talvez desapareça ou talvez continue igual, mas agora você se sente diferente. Mas o sinal mais claro de que isso já foi resolvido é que você se sente bem ou, ao menos, apareceu uma sensação agradável ou uma sensação diferente em seu corpo que antes não existia ou uma sensação agradável que já existia se fez mais presente".*

Introdução às dificuldades para me relacionar com os homens e com as mulheres

Alguns de vocês poderiam comentar que não têm problemas para se relacionar nem com os homens nem com as mulheres. Que bom que seja assim!

Entretanto, como vamos ver, todos estamos imersos em um mar de mensagens negativas que, ao ficar flutuando no ambiente, podem nos influenciar. E como este grupo está estabelecido como uma revisão pessoal completa, é bom que todos tratemos este tema.

Se você sente que seu relacionamento com os homens, com as mulheres, consigo mesmo como homem ou consigo mesma como mulher está bem, ajude-nos com seus comentários para esclarecer nossas atitudes, emoções e reações.

Aprendemos a nos relacionar com os homens em grande parte a partir de nosso relacionamento com nosso pai, ou com sua ausência, assim como do relacionamento que nossa mãe tinha com ele. Em geral, os relacionamentos com todos os homens significativos de nossa família, ou a ausência de homens em nossa família, contribuem para esta dificuldade ou facilidade, assim como o papel que tinham em relação a todas as mulheres da família. Por exemplo, em famílias de mulheres compostas pela avó, a mãe e as filhas, onde não há avô, nem pai, nem irmãos, provavelmente se perceba os homens como os que sempre abandonam e se vão ou como aqueles que não servem para nada e dos quais as mulheres fortes não necessitam. Se não for assim, de qualquer forma, às mulheres que crescem nessas famílias, falta a elas a experiência de relacionamento com os homens. Quando as filhas dessa família crescerem e começarem a se relacionar com homens, provavelmente elas os verão de uma destas duas maneiras e terão mais dificuldades que outras para se envolver com eles e manter um relacionamento.

Pode ser, também, que essas mulheres desenvolvam uma lealdade muito grande entre elas, pois talvez essa lealdade fosse quase indispensável para sobreviver em um mundo difícil, mas assim seus relacionamentos deixam pouco espaço para outros entrarem.

Aprendemos a nos relacionar com as mulheres, em grande parte, a partir do relacionamento com nossa mãe, mas também a partir do relacionamento de nosso pai com ela. Em geral, os relacionamentos com todas as mulheres significativas em nossa família ou a ausência de mulheres na família, contribuem para esta dificuldade ou facilidade, assim como o papel que elas tinham em relação aos homens da família.

Pedir aos participantes que comentem sobre os diferentes tipos de dificuldades com os homens e com as mulheres que têm observado ao seu redor.

Esclarecer que, muitas vezes, a dificuldade pode não ser tão clara, ou não estar consciente, mas não é demais trabalhar com ela já que este é um grupo para fazermos uma revisão geral.

E os relacionamentos com os homens e com as mulheres estão coloridos pelas crenças limitantes que temos em relação a um e outro, crenças que compõem o que se conhece como problemas de gênero. Ao redigir este texto, por exemplo, estive a ponto de escrever em várias ocasiões: "o sexo oposto". Esta expressão nos transmite uma sensação de distância e, claro, de oposição.

Em nossa linguagem cotidiana, encontramos afirmações que provêm de crenças limitantes, como por exemplo: "Todos os homens são infiéis, enganam", ou "as mulheres são manipuladoras", "não se deve dar a uma mulher nem todo o carinho nem todo o dinheiro". Estas crenças que acentuam a distância entre homens e mulheres têm sido transmitidas de pais para filhos, de geração a geração, e prejudicam tanto às mulheres quanto aos homens. Vivem se enfrentando, atrapalhando sua aproximação, ao invés de se quererem uns aos outros e viverem em harmonia.

Pedir aos participantes que comentem sobre as crenças limitantes dos relacionamentos entre homens e mulheres.

Exercício: Minha dificuldade para me relacionar com os homens, com as mulheres e comigo mesmo como homem ou comigo mesma como mulher.

Com os olhos fechados, aí onde você está, você pode se colocar confortavelmente dentro de sua cerca e deixar este trabalho nas mãos de sua Parte Sábia, o Eu Sou dentro de você.

Lembrando-se do que falávamos há pouco, sobre as dificuldades no relacionamento com os homens ou com as mulheres... Que lembranças lhe trouxe esta conversa? Quais emoções e sensações físicas apareceram?

A história de oposição entre os dois sexos é uma história que transcende sua vida, a de seus pais, a de seus avós e existe há muitos anos, séculos e talvez milênios, quando as mulheres eram vendidas e os homens enviados para morrer na guerra ou competiam até a morte por suas damas. Existe desde muito tempo, das épocas do matriarcado e do patriarcado que continuam na atualidade... e ainda de mais, mais atrás...

E você pode imaginar que diante de você estão os homens e as mulheres de sua família, de sua história. Imagine que diante de você estão os homens e as mulheres de todos os tempos que viveram e têm vivido brigando, separados, sós...

Conversando com eles, diga-lhes que têm sido vítimas de um mundo que funciona às avessas e que, por isso, têm se machucado, estão feridos.

Explicando-lhes que todas as feridas cicatrizam se as deixamos cicatrizar, você pode dizer a eles como podem fazê-lo com sua respiração.

Ajude-os, acompanhe-os para que cicatrizem suas feridas, agora, sentindo sua respiração em todos os detalhes.

Convidando-os para que se reconciliem porque todos, elas, eles, são vítimas de um mundo às avessas, conte-lhes que todos nós, homens, mulheres, no fundo, somos iguais, somos a mesma Essência, nós temos toda a informação do Universo dentro de nós, de cada um de nós: eu, você, eles, elas.

Eles, elas estão lhe escutando?

E agora, você pode convocar o Eu Sou de cada um desses homens e mulheres, o Eu Sou Universal, o Eu Sou de toda a Humanidade, pedindo-lhe a cura para que assim todos se curem.

Agora, observando como está você aí, olhe-se, sinta-se como parte que é da Humanidade, de sua história e, daí onde está, repita em voz alta junto com todos:

> EU SOU EU, SENTINDO-ME, RECONHECENDO-ME EM MINHA ESSÊNCIA, LIMPANDO-ME DE MEDOS E PRECONCEITOS, LIBERANDO-ME DE ATADURAS ANCESTRAIS. EU SOU EU, UM SER HUMANO COMPLETO, EU SOU EU.

E você vai observando como agora, esses homens, essas mulheres dizem, talvez com palavras, talvez com o olhar ou com sua atitude: "Reconhecemos você, como o homem que é, como a mulher que é, livre de preconceitos, medos e crenças ancestrais".

Fazer uma pausa e perguntar se tudo está bem. (Não perguntar como estão, deixando a porta aberta para que os participantes acreditem que podem estar mal e através de uma auto-sugestão acabem ficando assim). Se alguma pessoa não estiver sentindo-se bem, pedir a todo o grupo que a ajude, digerindo a moléstia ou incômodo com a respiração. E continuar...

Observe como se sente livre agora que já deixou esse peso que não era seu e observe como está aí se relacionando com os homens, com as mulheres, com os seres humanos completos de qualquer gênero, saudavelmente, alegremente, desfrutando, aproximando-se, distanciando-se, colocando-se a uma distância que seja confortável para você...

Fique aí um instante, desfrutando essa experiência e, quando quiser, guardando as sensações agradáveis que tem agora, respire profundamente e abra seus olhos.

Comentários dos participantes

Comentários ao coordenador do grupo

Você pode fazer os comentários dos dois exercícios depois de cada um ou ao final dos dois. Comentar depois de cada exercício obriga a entrar e sair do estado amplificado de consciência que o exercício provoca e voltar a entrar rapidamente. Esta técnica se chama fracionar e aprofunda esse estado, também conhecido como transe hipnótico natural ou ericksoniano.

Você pode encontrar as bases teóricas destas técnicas no Capítulo 4 – "Minha dificuldade em minha relação com... o trabalho com nossos vínculos", do livro *A magia de nossos disfarces* (ROBLES, Teresa. Belo Horizonte: Diamante, 2001, pp. 51-68).

7
Eu Aprendo a Ficar em Paz com os Outros

Introdução

Perguntar sobre como foi a semana e pedir-lhes que dêem uma olhada em suas cercas para ver como estão melhorando, talvez se completando, talvez se renovando saudavelmente a cada respiração. Podem fechar os olhos um instante para fazê-lo ou talvez experimentar evocar as suas cercas com os olhos abertos.

Perguntar-lhes se conseguem perceber como utilizaram as cercas durante a semana.

Introdução ao tema

Assim como revisamos os carros e os motores, teríamos que revisar nossos relacionamentos, para limpá-los de mal-entendidos e ressentimentos, para reajustá-los. Isso nem sempre pode ser feito com as pessoas envolvidas, porque algumas talvez não estejam disponíveis e pode ser que outras se incomodem.

Além disso, é pouco prático guardar rancores e ter emoções bloqueadas, porque vão para o corpo e nos adoecem. É pouco prático, porque as emoções indigestas estão formadas por força de vida. Se você as guarda sem digerir, elas se transformam em força de vida inútil, que você não pode utilizar.

Eu lhe aconselho a fazer o exercício[1] seguinte para ficar em paz em todos os seus relacionamentos importantes. Por exemplo, quando você não pôde despedir-se de uma pessoa que morreu ou não o fez da forma como gostaria, você poderá, então, fazê-lo agora. Pode despedir-se também de situações. É importante trabalhar com seus relacionamentos atuais, seja para terminá-los e despedir-se em paz, ou para abrir mão do que foi o relacionamento até

[1] A justificativa teórica deste exercício está em ROBLES, Teresa. *A magia de nossos disfarces*. Belo Horizonte: Diamante, 2001, cap. 6 – "Crescendo com as despedidas", pp. 79-86. Sua adaptação como exercício de auto-hipnose é encontrada em ROBLES, Teresa, *Revisando o passado para construir o futuro*: manual de auto-hipnose. Belo Horizonte: Diamante, 2001, pp. 72-74. Encontra-se também no material de áudio: ROBLES, Teresa. *Recupera tu fuerza de vida*. Cidade do México: Alom, 1999.

este momento e reiniciá-lo de uma maneira diferente, sem coisas pendentes, em paz.

Pense com quais pessoas tem coisas pendentes. Proponho-lhe trabalhar com uma de cada vez. Se ao começar o exercício, com a intenção de ficar em paz com uma pessoa, aparecer, de repente, outra em seu lugar, ou várias, trabalhe com quem aparecer. Lembre-se de que estamos deixando nas mãos de sua Parte Sábia a direção deste trabalho.

Eu lhe recomendo trabalhar com TODOS seus relacionamentos importantes: seu pai, sua mãe, avôs e avós, irmãos e irmãs, companheiros e companheiras, filhos e filhas, amigos, chefes e todas as pessoas importantes de sua vida. Eu lhe recomendo trabalhar consigo mesma, consigo mesmo, para ficar em paz também nesse relacionamento.

Este exercício é uma conversa que acontece dentro de você, em sua imaginação, de acordo com sua necessidade para ficar tranqüila, tranqüilo com essa pessoa. É uma conversa interna, para você. Evite repeti-la no mundo de fora porque não é necessário dizer tudo aos outros.

No mundo de fora, quase sempre é mais prático dizer menos coisas para evitar problemas e levar a vida em paz. Por isso, essa conversa é para acontecer somente dentro de você, de acordo com sua necessidade para estar bem com as pessoas, para ficar em paz em relação ao que têm sido esses relacionamentos até agora e assim poder, ou terminá-los bem, ou reiniciá-los bem, de uma maneira diferente, com ausência de emoções bloqueadas dentro de você, com ausência de dívidas pendentes, pelo menos de você para elas e guardando o que de bom esses relacionamentos lhe deram.

Exercício

Agora, você pode colocar-se confortavelmente dentro de sua cerca e, sentindo a sua respiração, ponha este trabalho nas mãos de sua Parte Sábia, repetindo internamente ou em voz alta:

> EU SOU EU RESOLVENDO AS PENDÊNCIAS POR RESOLVER EM MEUS RELACIONAMENTOS. EU SOU (e diga seu nome completo) FICANDO EM PAZ COMIGO E COM OS OUTROS, EU SOU EU.

Agora, você pode escolher com que pessoa ou situação vai conversar ou trabalhar para ficar em paz.

Eu gostaria que você imaginasse que está com essa pessoa, conversando protegidamente, como você precisa conversar, em um lugar seguro e agradável para você. E em seguida, quero que você se lembre de que se, espontaneamente, aparecem outra ou outras pessoas, é com elas que você vai fazer o exercício neste momento.

Então, você pode aproveitar e ir falando de todas as coisas pendentes por falar. Reclamando tudo o que tem que reclamar. É muito importante, porque a cada reclamação, sua respiração está digerindo todas as emoções bloqueadas com essa pessoa. É muito importante. Lembre-se de que esta conversa é para acontecer somente dentro de você, e você a está fazendo de maneira protegida para você, para os outros e as outras e assim, enquanto vai reclamando, sua respiração está digerindo todas as emoções bloqueadas com essa pessoa, essas pessoas.

E você pode, também, agradecer a essa pessoa tudo o que tenha que agradecer, agradecendo-lhe os momentos bonitos vividos juntos, o que recebeu dessa pessoa, o que aprendeu com ela. Tudo isso é parte sua e está dentro de você. Agradeça-lhe, mesmo que seja seu mérito, o que você cresceu neste relacionamento. Agradecendo-lhe, porque isso aconteceu no relacionamento com essa pessoa. Tudo o que esse relacionamento lhe tenha dado já é parte sua, está dentro de você e é mais fácil ficar em paz com ele, com ela, quando você já reclamou tudo o que tinha que reclamar e digeriu as emoções bloqueadas com essa pessoa, quando você já agradeceu e guardou dentro de você tudo de bom que você recebeu no relacionamento.

E assim, enquanto, a cada respiração, você está reclamando protegidamente, e digerindo saudavelmente as emoções bloqueadas, enquanto está agradecendo e guardando dentro de você aquilo que você recebeu de bom, sua Parte Sábia, através de sua respiração, está fazendo um trabalho muito importante para você. Está fazendo vir para você toda a sua energia que antes estava nessa pessoa. Toda essa energia, que é sua, volta para você, preenchendo-lhe, completando-lhe e fica disponível para que seu corpo funcione bem, para se transformar em emoções diferentes, para viver a vida como você quer viver, desfrutando. E, ao mesmo tempo, sua Parte Sábia, através de sua respiração, está fazendo chegar a essa pessoa toda a energia dessa pessoa que antes estava em você. Sua respiração a está devolvendo, protegidamente, liberando você, saudavelmente, devolvendo essa energia automaticamente, a cada respiração, saudavelmente, e tudo isto ocorre automaticamente dentro de você, sem que você faça nada.

E você pode continuar assim durante o tempo que você quiser, reclamando e digerindo emoções bloqueadas, agradecendo e guardando dentro de você o que você recebeu de bom no relacionamento. Lembre-se de que você também pode repetir este exercício até que sinta que você já ficou em paz com essa pessoa.

Perguntar a todos se sentem que, por agora, já foi suficiente. Quando todos respondem que sim, continuar:

E, em seguida, eu quero que você imagine que essa pessoa continua diante de você e repita com todos, em voz alta:

> A PARTIR DE QUEM EU SOU, ACEITO VOCÊ, COMO VOCÊ É, COMPLETA, COMPLETO, COM SUAS QUALIDADES E DEFEITOS, COM O QUE EU GOSTO E COM O QUE ME DESAGRADA, COM SEUS ERROS E LIMITAÇÕES QUE ME TÊM FEITO CRESCER E
>
> EU SOU (e diga seu nome completo) E, EM CONSCIÊNCIA E PLENITUDE HUMANAS, DECRETO HOJE E PARA SEMPRE QUE PAREI DE SOFRER NO RELACIONAMENTO COM VOCÊ E QUE, A PARTIR DE AGORA, RELACIONO-ME OU ME SEPARO COM PAZ E TRANQÜILIDADE.
>
> E EM NOME DO EU SOU DENTRO DE MIM, DO EU SOU DENTRO DE VOCÊ, PEÇO PERDÃO PARA NÓS DOIS, POR TODAS AS AÇÕES E OMISSÕES QUE DESDE SEMPRE TENHAMOS COMETIDO CONTRA NÓS, CONTRA OS OUTROS, CONTRA A HUMANIDADE, CONTRA A NATUREZA, CONTRA ESTE PLANETA, CONTRA AS LEIS DO UNIVERSO, CONTRA O MAIS SAGRADO PARA VOCÊ, PARA MIM.

DEIXO VOCÊ NAS MÃOS DE SUA PARTE SÁBIA. **EU SOU EU** E FICO EM PAZ.

Agradecendo a sua Parte Sábia, o EU SOU, sua ajuda e, guardando as sensações agradáveis que tem agora, respire profundamente e abra os olhos.

Comentários dos participantes

Comentários ao coordenador do grupo

Pode-se realizar este exercício várias vezes em relação à mesma pessoa até ficar em paz com ela. Pode-se repeti-lo na sessão, se todos os participantes quiserem, mas também podem fazê-lo por sua conta, em casa. Podem, também, em casa, escrever cartas a cada uma das pessoas com quem tenham pendências, ou melhor ainda, a todas as pessoas significativas: pais, mães, avós, irmãos, companheiros, filhos. É muito útil ficar também em paz consigo mesmo. Nessas cartas, é muito importante reclamar, enquanto vai digerindo as emoções bloqueadas e, depois, agradecer-lhes tudo de bom que deixou o relacionamento. Como foi dito, este é um trabalho que é realizado internamente, dentro de cada um. Assim, essas cartas não são para serem entregues aos outros.

Neste exercício, como em todos, o coordenador deve assegurar que todas as pessoas se sintam bem e, se não for assim, pedir ao grupo que imaginem essa pessoa ficando em paz com quem esteja trabalhando, tranqüilizando-se com a ajuda da respiração de todos os companheiros.

8
DESCOBRINDO MEUS DISFARCES E APRENDENDO QUEM SOU EU

Introdução

Perguntar como foi a semana, se ficaram em paz com outras pessoas, como se sentiram. No caso de terem escrito algumas cartas, sugira-lhes que queimem e ponham as cinzas em um vaso com alguma planta com a qual possam preparar um chá. Que reguem a planta vários dias e depois preparem com as folhinhas um chá e que o bebam em um momento tranqüilo, em paz, de preferência sozinhos.

Pedir-lhes que dêem uma olhada em suas cercas para ver como estão melhorando, talvez se completando, talvez se renovando a cada respiração.

Introdução ao tema dos disfarces

Aprendemos como somos pelo que nos dizem os adultos: "Que linda menina!" ou "Feia!

Desobediente!". De tanto escutar o que nos dizem, acabamos por acreditar que somos assim. Por exemplo, a mim, Teresa Robles, diziam: "É terrível, é terrível!" e eu acreditei. Também me repetiam: "É igualzinha a seu pai", que felizmente era audaz e inteligente. E, uma vez que um disfarce é colocado em alguém, essa pessoa pode fazer o que fizer, que é vista sempre de acordo com o disfarce.[1]

O coordenador do grupo pode utilizar exemplos sobre o que diziam a respeito dele ou dela.

Quando vestimos disfarces, de tanto ver e usar o disfarce, acabamos acreditando que somos assim e agindo de acordo, acabamos agindo conforme um conjunto de regras, um manual que corresponde a esse disfarce e não como queremos de verdade. Andamos pela vida desgostosos e arrastando os pés.

---

[1] A justificativa teórica sobre o tema dos disfarces está em ROBLES, Teresa. *A magia de nossos disfarces*. Belo Horizonte: Diamante, 2001, Cap. 8 – "A magia de nossos disfarces", pp. 99-110. Podem ser encontrados mais exercícios sobre o tema em ABIA, Jorge e ROBLES, Teresa. *Auto-hipnose*: aprendendo a caminhar pela vida. 2. ed. Belo Horizonte: Diamante, 2005, pp. 139-159.

Às vezes, esses disfarces estavam nos esperando desde antes de nascermos. Talvez, nos puseram ao nos ver pela primeira vez: "É igualzinho ao tio tal" ou "igualzinha a avó..." e, a partir desse momento, tudo o que fazíamos era interpretado de acordo com o que, em nossa família, acreditavam que éramos. Como, por exemplo, em relação a mim, também era dito que eu era estabanada, e assim, se adoecia, caía ou acontecia qualquer coisa, a explicação era sempre: "É porque é muito estabanada. Só podia acontecer isso".

Há outros disfarces que a sociedade nos oferece, quando buscamos agir da maneira "correta", como deve ser. São todos os que começam com o bom... pai, filho, estudante, etc. Ou com a boa... mãe, filha, namorada, etc. E, ainda que sejam disfarces valorizados, são um problema, escravizam-no porque viram do avesso; se não cumprimos com um item do manual, transformam-se no contrário: a má mãe, filha, amiga... ou o mau pai... filho... etc.

Outros disfarces são atribuídos à raça, nacionalidade, gênero e seus manuais dizem, por exemplo: "Todos os homens são iguais..." "só querem isso..." ou "as mulheres são umas tontas, histéricas, irracionais", "os brasileiros são alegres e querem sempre levar vantagem em tudo".

O caso é que todos os disfarces vêm com um manual que estabelece o que corresponde e o que não corresponde a determinado disfarce. Quantas vezes escutamos a afirmação: "isso não é para você"? O estudioso não pode relaxar e as conquistas daquele que é considerado o bom quase não são reconhecidas, são consideradas uma obrigação. E, com essas limitações, acabamos deixando de fazer coisas que gostaríamos de fazer e fazendo outras que não queremos. Ficamos fartos, cansados. Andamos pela vida arrastando os pés, sem que nos ocorra sequer nos perguntar quem somos por debaixo do disfarce, o que queremos e o que não queremos.

De tanto usar os disfarces, nós os confundimos com a pele. Acreditamos que somos assim.

Às vezes, colamo-nos desesperadamente disfarces valorizados para tampar outros que não gostamos. Por exemplo, a criança a quem impuseram o disfarce de "defeituosa" porque nasceu com algum problema que os pais interpretaram como um dano terrível, quando cresce, se esforça para vestir desesperadamente o disfarce de “melhor profissional” no trabalho, o que resolve os problemas que ninguém consegue resolver e, para isso, trabalha demais, horas extras, sábados e domingos e se sacrifica tentando manter colado um disfarce que tampe o disfarce de defeituoso que o assusta.

Dissemos que mesmo os disfarces valorizados trazem problemas. Escravizam, forçando-nos a cumprir com o manual e com suas restrições.

O problema é ser um disfarce, cobrindo a pessoa da cabeça aos pés, e não permitir que seja vista como é.

O problema é que estejam colados e não possamos tirá-los.

O problema é que acreditamos que somos assim, que os confundamos com nossa pele.

Sem dúvida, apesar de tudo, os disfarces nos deixam aprendizagens que podemos guardar e utilizar quando necessitarmos. Para mim, Teresa Robles, o disfarce de estabanada me permitiu fazer muitas coisas que qualquer criança teria medo: fiz esportes, tive aventuras, diverti-me inclusive me metendo em situações perigosas. E o de inteligente como meu pai, deu-me permissão de estudar e ter êxito na escola. Em grande parte, graças a ele, aqui estou escrevendo este livro.

O coordenador conta exemplos de seus disfarces e convida a todos a falar sobre os diferentes disfarces sociais e pessoais

Exercício para descobrir e descolar seus disfarces

Com os olhos fechados, aí onde você está, você pode colocar-se confortavelmente dentro de sua cerca. Sentindo sua respiração, ponha este trabalho nas mãos de sua Parte Sábia, repetindo internamente ou em voz alta:

EU SOU, EU SOU EU ALÉM DE MEUS DISFARCES.
EU SOU EU DESCOBRINDO QUEM EU SOU.

Aí, em silêncio, pense quais são os disfarces que, até agora, você vem trazendo, vestidos desde que nasceu, talvez desde antes mesmo de nascer ou desde muito pequeno, pequena. Pode ser que você saiba quais são, pode ser que não, não importa. Talvez sejam vários disfarces, um por cima do outro.

Lembre-se de como lhe diziam quando era menina, menino... igualzinho, igualzinha a quem? E como era essa pessoa? Como lhe diziam sempre que você era? Qual explicação davam a qualquer coisa que você fazia ou que lhe acontecia?

Você já se deu conta de quais são esses disfarces?

Sinta sua respiração, observando como cada vez que você respira, o ar que entra através de seu nariz ou de sua boca, passa protegidamente, confortavelmente entre sua pele e o disfarce, descolando-o confortavelmente, tirando a cola, sarando a pele, tampada durante tantos anos. Cada vez que você respira, o ar vai passando entre os diferentes disfarces, descolando-os, separando-os uns dos outros, distinguindo-os.

Você já se deu conta de como isso está acontecendo?

E, ao mesmo tempo, sua respiração está renovando esses disfarces, transformando-os em roupa confortável que você pode tirar e pôr facilmente, rapidamente, cada vez que precisar. Transformando cada disfarce em roupa confortável, na moda, no seu tamanho para que possa utilizá-los livremente, a qualquer momento, facilmente. Até mesmo aqueles disfarces que você não gosta, você pode utilizá-los em alguma ocasião.

E você pode ficar aí um momento, olhando-os, tocando-os, experimentando-os, observando quais partes são confortáveis e, se houver alguma parte que lhe incomode, você pode deixar sua respiração ir consertando-a, ajustando-a, renovando-a saudavelmente, protegidamente.

Você pode ficar aí um momento, experimentando os diferentes trajes que agora você tem, um para cada ocasião. Ou, inclusive, você pode estar imaginando em quais momentos, com que pessoas, em que situações você quer usá-los.

E você pode deixar sua respiração ir construindo outros que lhe façam falta e deixar que continue confeccionando-os nas noites, enquanto dorme, ao sonhar, durante o tempo que for necessário, enquanto dorme profundamente e descansa para acordar pela manhã descansado, descansada e renovado, renovada.

Agora, observe como sua respiração está guardando todos seus trajes em seu lugar, e os deixando prontos para o momento em que você possa precisar deles, todos, até os que neste momento não queira nem ver.

E você pode lembrar-se de que, na família onde cresceu, talvez insistam em ver você como estão acostumados a ver. Se você chega vestido, vestida como esperam, vão lhe aceitar e podem, pelo menos, começar a reconhecer seu rosto, suas mãos, seus pés, porque o que antes era um disfarce, agora já é uma roupa confortável que permite que os outros vejam quem você é.

Imagine que chega para visitá-los com a roupa que antes era disfarce, observando como, ainda que continuem repetindo que você é assim, você escuta com tranqüilidade, porque já sabe que era um disfarce e agora você reconhece quem você é na realidade.

Perguntar a cada um se tudo vai bem, sugerindo que é natural que esteja tudo bem e convidá-los a abrir os olhos.

Comentários dos participantes

Comentários para o coordenador do grupo

Antes de terminar, propor-lhes que durante a semana brinquem de colocar seus diferentes trajes, ex-disfarces, e sair com eles para visitas, para observar como se sentem sem levá-los tão a sério, brincando.

Outra tarefa pode ser observar os trajes ou disfarces dos outros e se perguntar se gostaria de ter um igual.

9
Eu Aprendo a me Relacionar com Meu Corpo, com Minha Sexualidade e com Minhas Emoções

Introdução

Perguntar: como foi a semana? Experimentaram suas novas roupas? Encontraram alguma que lhes fazia falta? Qual ou quais?

Exercício

Propor-lhes que, dentro de sua cerca e com a ajuda de sua Parte Sábia, imaginem-se já usando os trajes novos que gostariam de ter.

Comentários ao coordenador do grupo

O ato de pedir-lhes que façam desta forma tem a finalidade de que comecem a trabalhar sozinhos, fazendo seus próprios exercícios de auto-hipnose. As perguntas que são feitas no início de cada sessão têm a mesma finalidade.

Comentários dos participantes

Introdução ao tema

Estamos aprendendo a reconhecer quem somos. Somos nosso corpo, nossas emoções, nossa mente e nossa Parte Sábia. E, como parte de nosso corpo, somos também nossa sexualidade.

Já comentamos que, desde muito antes que fôssemos capazes de aceitar ou rejeitar o que os adultos nos diziam, aprendemos muitas coisas inadequadas para nós, entre elas, a ver o mundo como se estivesse dividido em pares opostos[1]: luz-escuridão, bom-mau, espírito-matéria, razão-emoção, lógica-intuição, mente-corpo, ao invés de ver nestes opostos, metades complementares ou totalidades. Aprendemos também a acreditar que as primeiras partes do par, luz, bom, espírito, razão, lógica, mente, são de primeira categoria e as outras, escuridão, mau, matéria, emoção, intuição, corpo, são de segunda categoria e, portanto, deveriam ser controladas pelas primeiras.

[1] Em 1990, comecei a considerar este ponto em ROBLES, Teresa. *Concerto para quatro cérebros em psicoterapia*. Belo Horizonte: Diamante, 2001, pp. 77-95.

Como acreditamos que o corpo era secundário, aprendemos a deixar de escutar os seus sinais e, por exemplo, comer na hora de comer, ao invés de comer quando temos fome, aprendemos a enganar o sono com café ou coca-cola e adiar o dormir para fazer coisas "mais importantes" como ir ao cinema, sair quinta-feira à noite, terminar um trabalho.

Aprendemos a maltratar o corpo como se fosse "um instrumento" e não parte nossa, ou por ser "nossa parte animal", "instintiva". Isso é verdade, é nossa parte animal, biológica, maravilhosa, que compreende os mecanismos que nos permitem sobreviver.

Em algum momento de nossa história, há muitos e muitos anos, quando o mundo virou às avessas, nas grandes religiões, começou-se a satanizar nossa parte instintiva e a reprimi-la. E sabe o que aconteceu? O mesmo que acontece quando alguém nos diz, por exemplo: "A partir de hoje você não vai poder comer laticínios ou pão doce". A partir desse momento, os laticínios ou o pão doce começam a nos apetecer mais que antes.

Quando se decidiu que os instintos eram maus e se tentou reprimi-los, como são uma parte fundamental do funcionamento de nosso corpo, ampliaram-se, como se gritassem para se fazer notar e, então, foram etiquetados como pecados.

Por trás dos grandes pecados, estão instintos que são partes nossas e dos quais necessitamos para sobreviver física, emocional e socialmente.

As pessoas soberbas, por exemplo, quase sempre foram terrivelmente pisadas e desvalorizadas ao longo de sua história, principalmente quando eram crianças. Decidem então que não serão pisadas nunca mais, mesmo que para isso tenham que ser prepotentes e pisar nos outros. O instinto que esconde a soberba é a necessidade de ser reconhecido e a satisfação desta necessidade é a base da auto-estima.

Debaixo da avareza, está o instinto natural de guardar coisas que necessitamos ou simplesmente queremos desfrutar e, como todos os instintos, encontra-se também nos animais. Os esquilos guardam suas nozes para o inverno, fazem isso inclusive em regiões onde podem encontrar alimento durante todo o ano, como no México. E, outros animais, dentre eles os anuns, as formigas e as ratazanas do campo, guardam, em seus ninhos ou em suas tocas, objetos brilhantes, não porque lhes sejam úteis, mas simplesmente porque gostam deles ou lhes chamam a atenção.

A inveja é uma emoção muito importante. Quando invejamos, demonstramos o que é que queríamos ter ou conseguir e pode ser a base da motivação. Quando nos invejam, isso nos diz: "Há coisas suas que outros valorizam" e se transforma em um dos ingredientes da auto-estima. Entretanto, quando a reprimimos, ela cresce e aparece como destrutiva. Ou talvez através dos tempos foi sendo difamada, fazendo-a parecer agressiva.

Com relação à gula, já pensou alguma vez no quão importante é desfrutar a comida? Há pessoas que dizem que não saboreiam os alimentos, deixam de comer, adoecem e podem até morrer. As pessoas que sofrem de anorexia e não querem comer porque se acham gordas, com muito esforço controlam a fome, mas dá muito mais trabalho deixar de desfrutar a comida para não ceder ao desejo.

A ira, ou raiva, é a ampliação da irritação, outra emoção muito importante. Avisa-nos que algo ou alguém está nos agredindo e nos prepara para nos defendermos. Como nosso corpo é o mesmo que o do homem das cavernas, tencionamos os músculos, preparando-nos para a eventualidade de receber um golpe, fechamos os punhos para atacar, respiramos mais aceleradamente para aumentar a oxigenação de nosso corpo e para que possamos realizar grandes esforços. A raiva é um sinal importante de se escutar para podermos, em seguida, nos defender adequadamente. Já não tem sentido, hoje, sair correndo atrás de quem nos agrediu para golpeá-lo, como acontecia há um milhão de anos e continua acontecendo entre crianças e adolescentes, mas escutando sua mensagem, nos defenderemos ou poderemos sair dessa situação.

Da mesma maneira que o desfrutar da comida é necessário para que nos alimentemos, desfrutar nosso corpo, a sexualidade, é indispensável não só para procriar mas também para facilitar a aproximação, o amor, a união entre os seres humanos. No movimento estudantil de 68 que aconteceu na França, um dos lemas que se escutava nas ruas era: "Faça amor, não faça guerra".

A sexualidade é, além disso, uma força sagrada, cria vida. Os agentes de cura que trabalham com energia nos diriam que o chacra da sexualidade é o mesmo da criatividade.

E a preguiça, porque é "a mãe de todos os vícios"? Porque, quando ficamos um instante sem fazer nada, descansando, temos a oportunidade de sentir nosso corpo, desfrutá-lo, reconhecer nossas emoções, refletir, nos perguntar se queremos viver como estamos vivendo ou se preferiríamos outra coisa. Condenar a ociosidade e manter as pessoas ocupadas, fazendo coisas sem parar até que fiquem exaustas e sem reação (e na época atual conectadas à televisão ou à internet), tem sido um recurso dos grupos governantes, religiosos ou leigos, para manter as massas submetidas, sem ter oportunidade de questionar ou rebelar-se.

Fala-se de "nossa parte animal" como um insulto, desprezando, mas devia ser considerado como um elogio.

Aprendemos também a considerar nossas emoções inapropriadas ou más e reprimi-las, negá-las e controlar até as emoções consideradas positivas em nome dos bons modos e da educação. Enfim, aprendemos a negar o que é parte do ser humano e a nos sentir culpados de perceber nosso corpo, de sentir, de viver.

Assim como a fome é o sinal de que necessitamos comer e a sede de que nos falta líquidos, as emoções, que também são sentidas no corpo, nos mostram o que está acontecendo no mundo em relação a nós.

Já comentamos o que nos dizem a inveja e a raiva. Todas as emoções são sentidas no corpo e todas nos dão uma mensagem. Estão formadas pela mesma energia psíquica ou energia de vida que assume diferentes qualidades. Se guardarmos emoções indigestas, a energia de que estão feitas fica bloqueada e não podemos utilizá-la para desfrutar, para que nosso corpo funcione bem, para convertê-la novamente em emoções, para viver como queremos viver.

Todas as emoções são humanas, não são nem boas nem más. Acontecem quando devem, relacionadas ao momento que vivemos. É melhor reconhecê-las, aprender com elas e trabalhá-las, ao invés de ignorá-las ou deixá-las bloqueadas. ISTO NÃO QUER DIZER ATUÁ-LAS.

Quando não as reconhecemos e nem as trabalhamos bem, bloqueiam-se e aparecem como angústia ou irritação, por exemplo. Também podem surgir sintomas no corpo.

As pessoas que são nervosas desde pequenas, provavelmente reprimiram muitas emoções desde então.

Vamos fazer uns exercícios que são muito úteis para reconhecer e digerir as emoções bloqueadas até agora.

Estes exercícios servem, dentre outras coisas, para diminuir o estresse, porque um dos componentes do estresse é um amontoado de emoções não reconhecidas que machucam o corpo.

Alguma vez você se deu conta de como sente em seu corpo as diferentes emoções? As emoções se iniciam e acontecem no corpo.

Propiciar que comentem em grupo, respondendo as seguintes perguntas:

Como você sente a irritação, a raiva em seu corpo? É mais fácil percebermos se nos lembrarmos de um momento em que nos sentimos muito, mas muito irritado, irritada. Como seus músculos ficam? E sua mandíbula? Como você respira quando está irritado, irritada? Qual a temperatura que seu corpo fica? O que você sente no estômago?

E quanto está triste, como sente a tristeza em seu corpo? Como seus músculos ficam? E sua mandíbula? Como você respira quando está triste? Qual a temperatura que seu corpo fica? O que você sente no estômago?

E quando está com medo, como você sente o medo em seu corpo?...

Como sente a alegria em seu corpo?... E a ternura?...

Você distingue como você sente as diferentes emoções?

E, o que nos ensina cada emoção?

Já falamos do que nos dizem a inveja e a raiva. O que lhe diz o medo? O que lhe diz a tristeza? E a impotência? A desesperança? E a ternura? O que lhe diz o amor?

Querendo ou não, todas as emoções são parte nossa e estão aí. Quando aparecem uma e outra vez, pode ser ou porque insistem e insistem em dizer-nos algo que não entendemos, ou porque dentro atrapalham o nosso bem-estar e tentam sair. Evite brigar com elas e voltar a engoli-las.

Recomendações de exercícios para que os participantes do grupo façam por sua conta[2]

1. Quando você sentir uma emoção, pergunte a si mesmo, como se chama o que estou sentindo? O que quer dizer para mim? Se for uma emoção agradável, desfrute-a. Se não, digira essa emoção com sua respiração. Observe como sente essa emoção em seu corpo, observe que emoção é essa. Peça a sua Parte Sábia que a digira

---

[2] Estes e outros exercícios, para trabalhar com as emoções e para que a pessoa aprenda a se dar carinho, encontram-se no material de áudio: ROBLES, Teresa. *Para quererte tú a ti, justo como necesitas*. Cidade do México: Alom, 2001.

confortavelmente, automaticamente. Sinta sua respiração assim como você aprendeu a fazer neste grupo, deixe esse processo nas mãos do EU SOU dentro de você e despreocupe-se, sua respiração já a está digerindo.

2. Quando estiver tenso e sentir-se pressionado, faça o mesmo, sinta sua respiração com todos os detalhes, assim como está respirando, duas ou três vezes, com os olhos abertos ou com os olhos fechados e você ficará espantado de como você está relaxando.

Durante a semana pratiquem fazê-lo, cada vez fica mais fácil e mais eficiente.

Se quiser, pode praticar agora enquanto fico um momento em silêncio...

Quando se sentir nervoso ou angustiado, lembre-se que isso é um turbilhão de emoções que você engoliu e que você já nem sequer reconhece. Até agora, ficaram indigestas dentro de você.

Pergunte-se: com qual objetivo vivi o dia de hoje, esta semana, os últimos tempos, em minha vida? Que emoções deveria estar sentindo? Talvez você possa responder, talvez não, não importa, o importante é digeri-las e sentir-se bem.

As crenças limitantes

Todas as idéias, que absorvemos como esponjas quando éramos crianças e que ficaram gravadas, que nos fazem reagir automaticamente, e que influenciam nossas atitudes, valores e comportamentos, são conhecidas como crenças limitantes[3]. Aparecem em forma de provérbios, ditos, canções que não questionamos. São transmitidas de geração para geração, de pais para filhos desde tempos remotos.

Entre elas estão "A vida é sacrifício", "os homens só pensam naquilo", "as mulheres que desfrutam e vivem intensamente sua sexualidade são prostitutas", "as mulheres decentes não têm necessidades sexuais, nem gostam de carícias obscenas". Desta última, podemos perceber uma outra crença subentendida e, talvez, mais forte. É a

[3] Ver DILTS, Robert et. al. *Crenças*: caminhos para a saúde e o bem-estar. 3. ed. São Paulo: Summus, 1993.

crença de que existem carícias que são decentes e carícias que são obscenas.

Exercício para dissolver as crenças limitantes, TODAS, sobre todos os temas

Com seus olhos fechados, coloque-se confortavelmente dentro de sua cerca. Sentindo sua respiração com todo detalhe, coloque este trabalho nas mãos de sua Parte Sábia. Sua respiração chega a todas as suas partes, a você toda, a você todo, a todos seus buracos, a todos seus vazios, a todas as suas voltas e a todos os seus cantos e encontra, estejam onde estiverem, todas essas crenças que atrapalham seu bem-estar, que atrapalham você a se reconhecer e a se aceitar como ser humano completo.

Observe como sua respiração chega aí onde estão e vai descobrindo-as, vai tirando-as e vai desfazendo-as, talvez separando as palavras, separando as sílabas, separando as letras minúsculas e as letras maiúsculas, dissolvendo-as protegidamente.

E observe como, com essas letras, você vai escrevendo frases novas e diferentes, frases de saúde e bem-estar, alegria e crescimento como EU SOU EU MESMA, EU MESMO, COMPLETA, COMPLETO, COM MINHAS QUALIDADES E DEFEITOS, EU SOU MEUS SUCESSOS E MEUS FRACASSOS, EU SOU MEU CORPO, EU SOU MINHAS EMOÇÕES, CURANDO.

E você pode pedir a sua Parte Sábia que continue dissolvendo todas as crenças que estão dentro de você, construindo com suas letras mais e mais frases de bem-estar, a cada respiração, confortavelmente, automaticamente, todo o tempo que for necessário.

Agradeça-lhe e, guardando as sensações agradáveis que tem agora, respire profundamente e abra os olhos.

Comentários dos participantes

Exercício: Nossas dificuldades em nossa relação com a sexualidade

Agora que já desfizemos as teias de aranha que formavam as crenças sobre a sua sexualidade, volte a se colocar confortavelmente dentro de sua cerca, acompanhada, acompanhado por sua Parte Sábia que cuida e protege você. Agradeça sua presença.

Lembre-se, confortavelmente, protegidamente, do que falávamos, agora há pouco, sobre a repressão de nossa parte instintiva, da sexualidade. E o que lhe evocou essa conversa: frases que escutava desde menina, desde menino? Cenas familiares velhas, muito velhas? Emoções? Sensações físicas?

Você pode observar como sua respiração está mesclando, revolvendo, integrando as lembranças, as emoções, as sensações, porque todas têm a ver com as dificuldades que você, todos nós temos tido até agora com a sexualidade. E observe como, dessa mescla, aparece uma imagem, uma lembrança, uma sensação, qualquer coisa que represente as dificuldades que até agora você tem tido com sua sexualidade.

Enquanto sua respiração vai digerindo-as, transformando essas dificuldades em recursos, formas novas e diferentes de viver sua sexualidade livremente, protegidamente, saudavelmente, eu gostaria que você imaginasse que, diante de você, estão seus pais, seus avós, seus companheiros, toda sua família, seus ancestrais, os representantes das grandes religiões de todos os tempos.

Você pode explicar-lhes tudo o que conversamos no dia de hoje sobre as crenças limitantes, nossa parte instintiva, a sexualidade. Qual a reação deles? Prestam atenção em você?

Agora, repita-lhes, em voz alta, isto que vou lhe dizer:

> EU SOU EU, UM SER HUMANO COMPLETO, COM CORPO, EMOÇÕES, INSTINTOS E ESPÍRITO. E A PARTIR DE QUEM EU SOU, AVISO-LHES QUE VOU SER FELIZ, VIVENDO MINHA VIDA E MINHA SEXUALIDADE NO MEU ESTILO, DIFERENTE DE VOCÊS, QUERENDO MEU CORPO, HONRANDO-O, ESCUTANDO MINHAS EMOÇÕES, CONTINUAMENTE EM CONTATO COM MINHA PARTE SÁBIA, A QUAL CHAMO DE EU SOU.

Guardando as sensações agradáveis que sente agora, quando quiser, respire profundamente e abra seus olhos.

Comentários dos participantes

Exercício: Reconciliando-nos com nosso corpo, aprendendo a gostar dele

Com os olhos fechados, dentro de sua cerca, coloque este trabalho nas mãos do Eu Sou, de sua Parte Sábia. E você, agora, se dá um instante para ficar em paz com seu corpo e começar uma nova relação com ele, aceitando-o, querendo-o, cuidando dele...

E você pode imaginar que, aí dentro de sua cerca, você está conversando com seu corpo, talvez se vendo em um espelho, talvez se imaginando frente a frente, quem sabe só sentindo-o.[4]

Conversando com seu corpo, peça-lhe desculpas por tê-lo maltratado em nome das coisas importantes, pela falta de cuidado, por não escutá-lo, inclusive por irritar-se com ele, se tiver chegado a fazê-lo. Você pode explicar-lhe como aprendeu inadequadamente a vê-lo como se fosse secundário...

E você pode prometer-se que agora vai ser diferente. Toque no seu corpo, reconheça-o, acaricie-o, dê-lhe todo esse carinho que lhe tem feito falta

[4] A idéia de se reconciliar com o corpo, vendo-o como em um espelho e acariciando-o, foi de uma ex-aluna, participante em um grupo, Alicia de la Parra.

durante tantos anos. Prometendo cuidar dele, escutá-lo, dar-lhe o que necessita, querendo-o sempre.

Peça ao Eu Sou que lhe acompanhe, que, por favor, lhe ajude a cumprir suas promessas automaticamente, alegremente, querendo-se, querendo-o.

Agradecendo, deixe este processo nas mãos do Eu Sou. Despreocupe-se. Respire profundamente e abra os olhos.

Comentários dos participantes

Comentários ao coordenador do grupo

Recomendar que, durante a semana, estejam atentos aos sinais de seu corpo, que o toquem, acariciem-no, queiram-no.

Se houver algum outro tema que interesse ao grupo, por exemplo, as dificuldades na relação com o dinheiro, pode-se trabalhar de maneira similar.

10
Minhas Dificuldades com a Intimidade

Introdução

Perguntar: como foi a semana? Lembraram de escutar seu corpo, de amá-lo e de lhe dar carinho? Descobriram outras crenças limitantes ou outros temas com dificuldades? Podem pedir a seu Eu Sou, que as resolva como já resolveu todos os anteriores. Você já sabe como.

Se quiserem, podem dar algum tempo para que cada um, em silêncio, peça a sua Parte Sábia, com suas próprias palavras, que trabalhe com esses temas.

Vocês podem, também, dar uma olhada em suas cercas para ver como têm melhorado, talvez se completando, talvez se renovando, saudavelmente, a cada respiração.

Introdução ao tema das dificuldades com a intimidade

"Se a vida é uma escola, os relacionamentos são a universidade e, em especial, o relacionamento com o companheiro, com a companheira." Acontece que, ao tentar nos colocar o disfarce de bom companheiro, boa companheira, tentamos adivinhar o pensamento do outro e o mais provável é que nos equivoquemos. Buscamos amar o outro, a outra, como acreditamos que precisa ser amado, amada, e é fácil também nos equivocarmos. Ou tentamos ser como nos pedem e, claro, não dá certo, porque somos diferentes. Mas nós nos esforçamos, deixamos de ser espontâneos e isso nos faz infelizes. E, então, sentimo-nos com direito de exigir do companheiro, da companheira que faça o mesmo do outro lado. E cada vez que alguém falha, algo que acontece com bastante freqüência, já que cada um está se esforçando para ser como não é, o outro lhe mostra que não cumpriu o acordo, que seus esforços não são suficientes. Assim, convertemos os relacionamentos em obrigações ao invés de vivê-los como oportunidade de receber o que o outro, a outra nos dá e aprender com as diferenças.

Isto acontece também com os amigos, nossos pais e os colegas de trabalho. Incomoda-nos que sejam como são. Sabia que o grande psicanalista Carl Jung pensava que quando algo dos outros nos incomodava era porque nós mesmos éramos assim e não queríamos vê-lo? E quando insistíamos que os outros fossem de uma determinada maneira, era porque queríamos ser assim?

Sem permitir nenhum comentário, iniciar o exercício.

Exercício para converter os relacionamentos em oportunidades

Você pode, agora, ir fechando seus olhos, colocando-se confortavelmente dentro de sua cerca, colocando este trabalho nas mãos de sua Parte Sábia e vá se lembrando do que acabamos de falar sobre como temos aprendido a converter nossos relacionamentos em obrigações...

E você pode deixar que venham as lembranças de momentos em que viveu assim. Lembre-se, por exemplo, de situações em que se sentiu mal, porque os outros não são ou não agem como você gostaria que fossem, que agissem... talvez como você gostaria de ser...

Deixando que venham à sua mente momentos em que você se sentia mal porque os outros eram como eram, talvez como você não quisesse nunca ser.

E talvez, de repente, apareçam idéias ou imagens ou sensações que lhe fazem recordar como e quando você agiu da maneira que, *até agora*, lhe incomodou que os outros agissem. Quando aparecer, repita internamente três vezes: "Assim tem sido até agora e não de outra maneira" e deixe que sua respiração digira as lembranças, as idéias, as reflexões, as imagens, as sensações físicas, tudo isso que apareceu, protegidamente, automaticamente, enquanto você vê ou sente você agindo como quer agir, você vivendo como quer viver, porque já aprendeu em algumas situações e está aprendendo em outras a aceitar a forma dos outros gostarem de você e se aproximarem de você, saudavelmente. Você já aprendeu e está aprendendo a viver os relacionamentos como oportunidades, ao invés de como obrigações, e você já está desfrutando e está aprendendo a desfrutar isso...

E algo muito importante que está acontecendo é que, a cada respiração, toda a força e energia que antes mantinha as obrigações, agora vão construindo oportunidades, formas novas, diferentes, saudáveis, de viver relacionamentos próximos protegidamente.

Com a segurança de que este é um processo permanente, que continua automaticamente, todo o tempo necessário, a cada respiração, deixe-o nas mãos de sua Parte Sábia, respire profundamente e abra os olhos.

Comentários dos participantes

Continuam os comentários do coordenador sobre o tema

Crescemos recebendo mais críticas que elogios, sem poder expressar nossas emoções. Isto nos impede de nos mostrar aos outros como somos, completos, com qualidades e defeitos e a aceitá-los como são. Como dizia Jung, quando a pessoa que temos à frente apresenta uma característica que nós também temos e não queremos ver, incomoda-nos exageradamente por medo de despertá-la ou reconhecê-la em nós mesmos.

Crescemos com medo de amar, de nos aproximar e de sermos rejeitados, sem podermos dizer livremente "amo você". Aprendemos que o relacionamento de casal se dava em meio a uma luta, já que *somente um pode assumir as rédeas*. Uma luta que freqüentemente se transformava em uma verdadeira guerra para fazer com que o outro, a outra seja como queremos.

Também aprendemos a acreditar que a rejeição do outro, da outra à nossa aproximação, a nós, era uma agressão, que queria nos dizer: "você não vale nada, não é nada, não é desejável", ao invés de entender que cada um, que todos nós temos direito de dizer não ao que não desejamos e que essa rejeição surge do que vive e sente cada pessoa, de sua história e sua liberdade de escolha, e não do que nós somos e fazemos.

Entre as crenças limitantes que contribuem para isto estão:

- Amor é sacrifício, portanto, para amar, tenho que sofrer.

- Quem lhe quer bem, lhe fará chorar.
- Amor é renunciar, deixar de ser você para ser um com o outro; portanto, se amo, desapareço.
- O casamento é uma escravidão.
- Se eu amo, me magoarei.
- Se eu mostro minhas emoções (negativas) serei rejeitado por não ser perfeito.
- Se você se entrega, o outro se aproveita de você.
- Se você se distancia, procuram-no, portanto devemos provocar o desejo, enciumar o outro.
- Como não sou perfeito, eu erro, me culpo e assim por diante; portanto não devo ou não mereço ser feliz.
- Se você não ficar vivo, fazem de você o que querem.
- Em relação à mulher: pode-se fazer dela o que quiser.
- Em relação aos homens: com jeitinho se consegue tirar dele o que quiser, mas terá que suportá-lo.

Pedir aos participantes que contribuam com outras crenças limitantes sobre este tema.

Aprendemos os relacionamentos íntimos através de como interiorizamos o relacionamento de nossos pais. Nenhum casal é perfeito. Em todos os relacionamentos há dificuldades e isso é normal, mas também é normal que nós, como crianças, tenhamos vivido essas dificuldades de forma muito diferente. Por exemplo, tomando partido de um ou de outro, ou tentando contentá-los ou separá-los, como se fosse nossa responsabilidade ou como se estivesse em nossas mãos a harmonia entre nossos pais.

Crescemos acreditando que a proximidade com o outro, com a outra é problemática, dói. Vamos trabalhar este ponto, resolvendo com um exercício nossa relação com o relacionamento de nossos pais.

Exercício: Nossa dificuldade com o relacionamento de nossos pais

E, agora, você pode colocar-se confortavelmente dentro de sua cerca. Ponha este trabalho nas mãos da sua Parte Sábia, o Eu Sou, pedindo a sua Parte Sábia que, desde dentro de você, continue dissolvendo suas crenças limitantes, em especial, as que atrapalham você a ser você mesmo, você mesma em seus relacionamentos próximos, íntimos e construa com ela frases de alegria e liberação como EU SOU EU E ASSIM ME MOSTRO E ME APROXIMO.

E, enquanto isso, lembre-se quais eram, segundo você mesmo, as dificuldades que você tinha em relação ao relacionamento de seus pais e como se sentia frente a elas ou dentro delas.

Agora, você pode observar confortavelmente, protegidamente, como aparece aí, muito protegidamente, um símbolo, qualquer coisa que representa e é sua dificuldade, que até agora, teve em relação ao relacionamento de seus pais.

E eu gostaria que você imaginasse que está diante deles, talvez também diante dos casais formados por seus avós, seus parceiros e ex-parceiros, suas parceiras e ex-parceiras, diante de casais ancestrais seus, que provavelmente viveram grande parte de sua vida como mandam as regras e não como queriam. Talvez viveram seus relacionamentos como obrigações, ao invés de como oportunidades.

Repita-lhes, em voz alta:

EU SOU EU (e diga seu nome completo) E A PARTIR DE QUEM EU SOU, EM CONSCIÊNCIA E PLENITUDE HUMANAS, AVISO-LHES, HOJE E PARA SEMPRE, QUE VOU SER FELIZ VIVENDO A MEU MODO, DIFERENTE DE VOCÊS, DESFRUTANDO MEUS RELACIONAMENTOS COMO OPORTUNIDADES E DE MANEIRA NENHUMA COMO OBRIGAÇÕES.

VOCÊS PODEM FAZER O MESMO, SE QUISEREM, BASTA QUE DESEJEM RECEBER O QUE CADA PESSOA PODE LHES DAR, COMO CADA PESSOA É CAPAZ DE AMÁ-LOS.

EU OS DEIXO NAS MÃOS DO EU SOU, SUA PARTE SÁBIA DENTRO DE VOCÊS, E VOU VIVER DESFRUTANDO, APRENDENDO, CRESCENDO, A PARTIR DESTE MOMENTO.

E você pode observar como, enquanto você falava e sem que você faça nada, sua respiração está fazendo o que tem que fazer, transformando essas dificuldades em facilidades, formas novas, diferentes, saudáveis de se relacionar com os outros, as outras, liberando-a, liberando-o.

E você se dá conta de que isso já começa a acontecer porque talvez a imagem mude, talvez desapareça ou continue igual, mas, agora, você se sente diferente.

Com a segurança de que este é um processo permanente, automático, que continua todo o tempo que for necessário, nas mãos de sua Parte Sábia, todo o tempo que for necessário, respire profundamente e abra seus olhos.

Comentários dos participantes

O medo da intimidade

O medo é uma emoção que nos adverte de um perigo possível. Quando é muito, perturba-nos, quando se renova, transforma-se em precaução saudável. Grande parte deste medo nasce do que aprendemos de nossos pais e das crenças limitantes que já trabalhamos. Portanto, já começou a se resolver.

O que ainda sobrar do medo, você pode resolvê-lo você consigo mesmo, consigo mesma, porque, na origem das suas dificuldades em relação à intimidade com os outros, está a sua dificuldade na intimidade consigo mesmo, consigo mesma, que também é aprendida.

Ensinaram-nos que estar sozinho era ruim e tínhamos que evitá-lo, mas são precisamente nos momentos de "solidão" em que nós podemos estar conosco.

Nesses momentos, as emoções que temos engolido afloram para nos dar suas mensagens, sonhamos acordados construindo a realidade que queremos ter, refletimos sobre nossa vida e podemos, inclusive, chegar a nos perguntar se estamos vivendo como queremos viver.

Por isso, quando o que está bloqueado, de alguma maneira proibido, começa a sair, isso nos dá medo. Dá medo estar só, "em intimidade conosco" e, claro, nos dá medo a intimidade com os outros.

Para os grupos dominantes, políticos, religiosos, econômicos, os minutos que ficamos conosco são muito perigosos. Tanto que, para evitá-lo, declararam que a "preguiça", isto é, descansar, não fazer "nada" e estar consigo por um instante, é "a mãe de todos os vícios".

Mas, asseguro-lhes que, se aprendemos a estar bem conosco, vamos aprender, automaticamente, a estar bem, em intimidade, com os outros.

Vamos trabalhar com o que sobrou desse medo e das dificuldades com a intimidade.

Exercício para entrar em intimidade consigo mesmo, consigo mesma

Colocando-se confortavelmente dentro de sua cerca, aí dentro, escolha um lugar onde você possa ficar um momento muito, mas muito bem, confortavelmente, protegidamente, e coloque-se bem confortável aí...

Fique aí um instante, sentindo seu corpo, reconhecendo as emoções que engoliu durante o dia, durante muitos dias, meses e quem sabe anos, e agora estão começando a aflorar para que as olhe, conheça-as, reconheça-as e escute suas mensagens...

Lembre-se de que a angústia é um turbilhão de emoções indigestas que você tem engolido e que, provavelmente, já nem sequer reconhece.

Enquanto você deixa que aflorem suas emoções, fique simplesmente aí refletindo e se perguntando: o que é que eu quero realmente? O que eu sonhava quando era criança? Eu continuo desejando que esses sonhos se tornem realidade? O que eu desejo na vida? Gosto do que faço, como ajo e reajo?

Pode-se fazer e se responder estas perguntas ou simplesmente ficar aí, um instante, desfrutando sua companhia, enquanto eu lhe acompanho em silêncio com minha respiração.

Deixar passar cerca de um a três minutos e continuar

Agora, aí onde está, você pode lembrar-se de momentos em que você sentiu medo de aproximar-se da pessoa que ama, medo de que ela lhe rejeitasse ou que lhe machucasse por você ser como é.

Lembre-se como sentia esse medo em seu corpo

E você pode falar com seu medo e agradecer-lhe por ter tentado lhe ajudar, advertindo-lhe de perigos, mas explicando-lhe o que agora você já sabe: que o natural é estar em intimidade consigo e com os outros e desfrutar essa intimidade; diga ao seu medo que esses perigos não são reais, são fantasmas aprendidos, herdados.

Talvez possa observar, protegidamente, esses fantasmas rondando sua cerca.

Propondo a seu medo que se despreocupe, mostre-lhe os fantasmas que se desvanecem com a Luz.

Repita junto com o medo:

EU SOU A LUZ QUE AFASTA A ESCURIDÃO DENTRO DE MIM, ALÉM DE MIM. EU SOU A LUZ QUE DISSOLVE E DISTANCIA AS SOMBRAS, OS MEDOS E OS FANTASMAS. EU SOU A LUZ.

Você já se deu conta do que está acontecendo?

E, agora, peça a seu medo que, com sua respiração, renove-se saudavelmente, transformando-se em seu aliado, como precaução saudável.

Deixando o seu medo nas mãos de sua Parte Sábia, lembre-se: NUNCA RENUNCIE A SEUS SONHOS. Você pode sonhá-los com freqüência, com imagens e riqueza de detalhes, desejá-los com toda sua alma e entregá-los a sua Parte Sábia, dizendo-lhe: "Eu cumpro com o ato de desejar o que é bom para mim. A você cabe, agora, torná-los realidade. Mostre-me os caminhos e as portas para alcançá-los e eu lhe prometo reconhecê-los porque serão os caminhos e portas que se apresentam e abrem com facilidade e me enchem de alegria e paz. Deixo meus sonhos e meus desejos em suas mãos e lhe agradeço por tudo."

E, agora, despreocupe-se, já está tudo nas mãos de sua Parte Sábia, o Eu Sou, o Deus dentro de você.

Guardando as sensações agradáveis que você tem agora, respire profundamente e abra os olhos.

Comentários dos participantes

Comentários ao coordenador do grupo

Depois de comentarem sua experiência durante o exercício, proponha-lhes que, durante a semana, façam o seguinte:

1. Cada vez que algum deles se sentir extremamente incomodado com algo que as outras pessoas façam em alguma situação durante a semana, ele pode se perguntar se não faz a mesma coisa e digerir o incômodo com a respiração.
2. Dizer aos outros o que gosta neles e aprender a dizer "amo você"

3. Lembrar-se seus sonhos e desejá-los com toda sua alma, especialmente em sua cama, seja à noite antes de dormir, ou pela manhã ao despertar.

11
O Medo de Estar Completamente Bem e de Receber o que a Vida me Dá

Introdução

Perguntar aos participantes como foram com as três tarefas. Descobriram, dentro de si, coisas dos outros que lhe incomodavam? Puderam reconhecer nos outros o que eles faziam bem e lhes dizer isso? E quem sabe dizer-lhes: "amo você"? Como se sentiram com isso? Lembraram-se de desejar seus sonhos com toda sua alma?

Introdução ao tema

Às vezes, não nos atrevemos a sonhar porque temos medo de estar completamente bem e de receber o que a vida nos dá. Outras vezes, sentimos ou aprendemos que o bom não é para nós, não nos cabe.

Tanto o medo de estar completamente bem, como o crer que algo não é para nós, também provêm de crenças limitantes. Aprendemos que "amar é dar e não receber" e, como os bons são os que amam, ocorre que todos querem dar e ninguém receber. Quando eu era criança escutava: "A pessoa que dá, depois exige. A que recebe, fica em dívida".

Lembrem-se de que aprendemos que só há um primeiro lugar, quer dizer, só um pode estar absolutamente bem e acreditamos que esse não erra nem se equivoca. Aprendemos a lutar pelo primeiro lugar e, para ganhá-lo, apontar a culpa e os erros nos outros, enquanto ocultamos os nossos. Assim, perdemos a possibilidade de aprender com nossos erros, que é uma maneira humana de aprender. Perdemos a possibilidade de aprender com nossos erros e começamos a invejar quem tem, nesse momento, o primeiro lugar e a tentar fazê-lo cair para podermos ocupar sua posição.

O resultado é que todos ficam mal, o que tem o primeiro lugar, porque fica só e teme perde-lo, os demais porque não são os que estão por cima.

Com isso de que a vida é um "mar de lágrimas", quando tudo vai bem, estamos esperando a desgraça que vai cair sobre nós. Se estamos muito bem, temos dificuldade para desfrutar porque não sabemos qual vai ser o preço a pagar depois ou porque acreditamos que não merecemos.

Também é certo que há muita gente invejosa e que temos medo de que nos invejem ou nos façam mal. Ou pior ainda, vemos ao nosso redor tantas dificuldades que não nos sentimos com direito de estar bem se as pessoas próximas, queridas, estão mal. Como se nosso bem-estar fosse às custas do sofrimento dessa pessoa e vivemos isso como traição ou deslealdade. Existe também o medo de continuar crescendo, mudando e assim ficarmos sozinhos.

Mas, na realidade, se os outros estão mal e nada fazem para mudar, é pouco o que podemos fazer para ajudá-los. Os invejosos vão continuar nos invejando de todas as maneiras e as pessoas que nos amam continuam nos amando nas coisas boas e nas más.

Também não é verdade que a vida seja sofrimento ou que o que é bom custe caro.

O normal é que as coisas sejam fáceis e não difíceis. O normal é estar bem e todos nós podemos estar bem.

Estas aprendizagens e as que felizmente já começamos a apagar em sessões anteriores contribuem para que o mundo esteja às avessas.

E como foi que o mundo virou às avessas?

Em quase todas as antigas culturas, existem mitos ou lendas que nos contam como isso aconteceu. Por exemplo, a Bíblia nos narra como Adão e Eva tiveram que sair do Paraíso, onde tudo era perfeito, não existia a dor, nem a morte e nem a doença. Quando provaram o fruto da árvore do Bem e do Mal, foram banidos a um mundo de sofrimento, doença, morte e dor, o nosso mundo.

No mito grego da caixa de Pandora, depois que Prometeu leva aos homens uma centelha de fogo, que pode ser entendida simbolicamente como a consciência, Zeus prepara um castigo para os homens. Ordena que seja criada uma mulher semelhante às deusas, cheia de graças e artimanhas a quem chamaram de Pandora, cujo nome significa "a que possui todos os dons". Zeus a envia, então, como presente ao irmão de Prometeu, que se chamava Epimeteu, cujo nome significa "o que reflete tardiamente". Pandora chega trazendo de presente um grande jarro, e ao abri-lo, libera todas as pragas e maldições que assolam todo o planeta. Quando Pandora percebe o que aconteceu e tenta fechar a ânfora, ela já estava vazia, permanecendo somente a "esperança", presa junto à borda da caixa. A esperança seria a única forma do homem não sucumbir às dores e aos sofrimentos da vida.

Uma das respostas para a pergunta de como o mundo ficou às avessas que gostamos para trabalhar neste grupo é uma lenda maia muito antiga[1]. Ela nos conta que faz muito, muito tempo, tanto que nem sequer podemos nos recordar, antes da fundação das cidades cerimoniais cujas ruínas hoje conhecemos, havia uma sociedade onde tudo era harmonia: onde cada pessoa estava em seu lugar e cumpria sua Missão, a serviço da comunidade, da Natureza e do planeta e ninguém se achava melhor ou mais importante do que os outros. O sacerdote servia de comunicação

[1] Esta história foi escrita pela primeira vez na revista Saludablemente disfrutando, nº 4, Cidade do México: Alom, outubro de 2003, pp. 39-45.

entre o povo e a divindade; o camponês honrava a mãe terra, cultivando-a e lhe agradecia os frutos que colhia para alimentar a todos; os guardiões dos lugares sagrados cuidavam e purificavam estes lugares, preparando-os para as cerimônias; os músicos tocavam para todos e as crianças também estavam em seu lugar, aprendendo e preparando-se para o que mais tarde teriam que fazer.

Nessa época, o Tzolkin, o Calendário Sagrado, mantinha essa harmonia. O Tzolkin era uma energia azul guardada dentro de uma cruz de pedra que tinha gravados os glifos de todas as forças do universo, as forças motoras de todos os tempos. A cruz de Tzolkin estava situada no meio do grande pátio do centro cerimonial de cada cidade.

A lenda conta que, em uma noite escura, sem lua, uma noite tão distante que se perdeu no tempo, chegaram invasores do céu para roubar a energia sagrada do Tzolkin. Os sacerdotes souberam disso a tempo e a guardaram em seus corpos, em suas almas, em sua própria energia, em sua Luz, para que um dia a energia pudesse despertar. Faíscas da Energia Azul entraram nos corpos de todos os seres vivos.

Os invasores quebraram a cruz de pedra em quatro pedaços procurando a energia do Tzolkin. Nunca a encontraram. Furiosos por não conseguirem tomar posse da energia sagrada da cruz azul, decidiram virar o mundo às avessas para se vingarem dos seres humanos - que até esse momento haviam sido felizes - e se alimentarem de sua dor, de seu medo, de sua desesperança e do ódio que iam gerar neles.

A primeira coisa que fizeram foi construir a pirâmide do novo governante sobre os pedaços dessa cruz, um em cada canto. Depois, dividiram a imagem da cruz em quatro ângulos e os giraram, e construíram um novo calendário que chamaram de sagrado, blasfemando. O novo calendário era um quadro, com cada um dos ângulos nos cantos, irradiando energia oposta, a da desarmonia. E o impuseram às pessoas.

Conta a lenda que desde então o mundo ficou às avessas.

Convido-lhe a sonhar que a Cruz do Tzolkin se reintegra dentro de você e volta ao seu lugar.

Exercício final

Com seus olhos fechados, sentindo sua respiração que desperta a sua Parte Sábia, sinta-a, olhe-a, como se expande dentro de você e mais além de você, a cada respiração.

Lembre-se da história que acabo de lhe contar, que acontece em um lugar cerimonial maia, no meio da selva.

Agora, eu gostaria que você imaginasse esse antigo calendário, quebrado em quatro ângulos que formam um quadrado.

Observando como, com um único desejo seu, seu Eu Sou, com toda sua força, desperta a Sagrada Energia azul dentro de você. E, sem que você faça nada, permita que essa Energia reintegre os quatro ângulos na cruz original, dentro de você e mais além de você.

E permita que de dentro de você, o Tzolkin trabalhe para ajudar que este mundo volte ao que naturalmente é, à harmonia, e que se transforme num mundo melhor, onde haja união ao invés de divisão, onde colaboremos ao invés de competir, reconhecendo e honrando nossas emoções, nosso corpo e nossa sexualidade como uma força sagrada, iluminados por essa Parte Sábia à qual damos o nome de Eu Sou.

E você pode ficar um momento sentindo o Tzolkin dentro de você e observando como se expande mais além de você. E, depois, guardando todas as sensações agradáveis que tem agora, respirando profundamente, abra os olhos.

Comentários dos participantes

Comentários do coordenador do grupo

À noite, antes de dormir, ou em qualquer instante, fique um pouquinho sonhando com esse mundo melhor e convide os outros a fazerem o mesmo.

12
Sessão Final
Avaliação e Convívio

Você pode fazê-la a seu modo. Convidamos os participantes a trazer alguma comida para compartilhar e que venham, sem pressa, para podermos ficar convivendo um pouco mais longamente.

Nessa sessão, de maneira informal, com conversa hipnótica, trabalhamos o final do grupo de maneira similar ao exercício de ficar em paz com os outros.

1. Avaliamos como os diferentes participantes viveram o grupo, incitando as críticas construtivas.
2. Recordamos os diferentes temas tratados e momentos importantes para o grupo, revivendo tudo de bom que nos deixou.

Comentários Finais

Aqui termina este Manual e, na realidade, começa para você, leitor, leitora, a etapa em que vai utilizá-lo.

Convido-lhe a experimentá-lo e desfrutar de sua simplicidade.

Vários de nossos alunos de Mestrado em Psicoterapia Ericksoniana o têm aplicado em diferentes grupos: Adolescentes, pessoas com diabetes, pacientes em reabilitação depois de um acidente vascular cerebral, estudantes universitários, profissionais de saúde, dentre muitos outros, sempre com resultados espetaculares. Estes resultados têm a ver com começar a desvirar o mundo voltando-o para sua forma original, para aquilo que é certo e bom em cada pessoa. A partir daí, cada um poderá estar bem em sua casa, em sua família, em seu trabalho, em sua comunidade, em seu país, em nosso planeta.

Aqui termina este Manual e com ele se inicia uma Série de Manuais ericksonianos de grupo, que logo aparecerão enfocados em diferentes temas, como: Grupo de Crescimento para Crianças; trabalho com mulheres que viveram abuso emocional; trabalho com enfermos crônicos e terminais; Auto-hipnose; Manejo do Estresse; Manejo de Conflitos.

Aqui termina este Manual e queremos que comece e continue seu relacionamento conosco, unindo forças para construir um mundo melhor.

Por isso, esperamos você no lugar de encontro, como desejamos que seja o Centro Ericksoniano do México, A.C. Ligue-nos no 00 (XX) 52 55 8500-6161, ou escreva-nos para ensenanza@hipnosis.com.mx ou clinica@hipnosis.com.mx, ou faça uma visita ao nosso site www.hipnosis.com.mx.

Teresa Robles

Centro Ericksoniano do México

E nós, aqui no Brasil, também nos colocamos abertos e à disposição para o seu contato. Nós, no Instituto Milton H. Erickson de Belo Horizonte, também estamos plantando nossas sementes e unindo forças para construir um mundo melhor. Temos trabalhado com Grupos de Crescimento, Orientação de Pais, Formação de Profissionais em Psicoterapia e Hipnoterapia Ericksoniana, e atendimento psicoterápico utilizando a forma de pensar e de ver o ser humano de Milton H. Erickson e de Teresa Robles, assim como as suas técnicas. Nós também, através de muito estudo e prática, buscamos adaptar essas técnicas para se adequarem ainda mais às características e demandas da nossa população local.

Estamos esperando por você na construção de um mundo melhor. Seja bem-vindo!

Angela Cota

Instituto Milton H. Erickson de Belo Horizonte

(31) 3344-8447 / 3296-5299

instituto@ericksonbh.com.br

NAS PRÓXIMAS PÁGINAS CONHEÇA UM POUCO MAIS SOBRE OUTRAS PUBLICAÇÕES DA EDITORA DIAMANTE

DIAMANTE

MELHORES PAIS, MELHORES FILHOS

Angela Cota e J. Augusto Mendonça

"*Melhores Pais, Melhores Filhos* é um livro dirigido aos pais onde, através de relatos simples, sobre temas universais, Angela e J. Augusto oferecem aos pais exemplos práticos e dicas úteis para enfrentar situações do dia a dia.

- *Teresa Robles*, México

Há pessoas que querem ser pais. Há pessoas que têm vocação para serem pais. Há pessoas, e são muitas felizmente, que, sozinhas ou unidas, se dispõem a cuidar, a nutrir, a formar, a ajudar a crescer. Essas pessoas se sentem satisfeitas por verem o outro se fazendo feliz.

Este livro não é uma obra do acaso. Ele traz uma mensagem universal: o amor. Leia-o. Leia com carinho. Leia com amor. E se disponha também a ajudar. E se disponha a fazer alguma diferença aqui na terra, no nosso planeta, no nosso país, no nosso estado, em nossas cidades, em nossos lares.

COMPREENDENDO A DEPRESSÃO

Michael D. Yapko

Este livro é composto por 75 perguntas que apresentam, em linguagem simples e objetiva, descobertas recentes da pesquisa sobre depressão relacionadas ao cotidiano de todos nós.

Compreendendo a Depressão espera despertar no leitor
um entendimento de como a depressão nos afeta para, dessa forma, poder lidar com a própria depressão ou ajudar outras pessoas a lidar com sua depressão.

PSICOLOGIA, HIPNOSE E SUBJETIVIDADE
Revisitando a História
Maurício S. Neubern

Como compreender a célebre tradição de hipnotizadores e magnetizadores que deram origem às reflexões sobre uma psicologia científica? Como compreender uma técnica tão antiga quanto a humanidade que efetuou e ainda efetua curas que parecem desafiar os conhecimentos disponíveis?

Como explicar a hipnose que parece, a cada passo, romper com as concepções e procedimentos legitimados pelo saber oficial?

Maurício Neubern é um dos maiores estudiosos brasileiros das Histórias da Psicologia e da Hipnose. Ele é tanto um professor quanto um terapeuta de grande talento. Em *Psicologia, Hipnose e Subjetividade*, você leitor será conduzido à uma viagem de volta no tempo. Revisitando o momento e o contexto histórico no qual a Psicologia nasce como ciência, Maurício nos leva a questionar a versão oficial que nos foi contada e a perceber que a História da Psicologia e a História da Hipnose têm uma ligação mais estreita e mais forte que poderíamos imaginar.

AUTO-HIPNOSE
Aprendendo a Caminhar pela Vida
Teresa Robles

Este livro inicia uma série de MANUAIS DE AUTOHIPNOSE. Está escrito para se ler desfrutando, sem esforço. Está escrito para se ler desde a introdução. Já, desde aí, começa a falar coisas que são úteis para você ir aprendendo a caminhar pela vida. Mas, você pode, também, começar por qualquer lado. Ele foi escrito para lhe dar ferramentas seguras e naturais, para que você viva desfrutando mais cada momento. De fato, essas ferramentas, você já as conhece, você as tem usado de alguma maneira, sem sabê-lo. Neste livro, os autores ensinam a utilizar as ferramentas, para que você possa fazê-lo quando você necessitar, em sua vida diária.

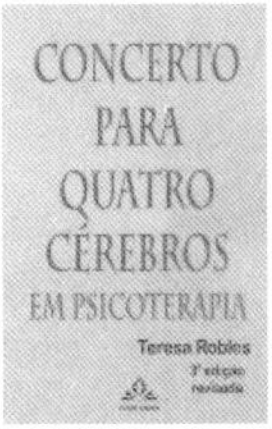

CONCERTO PARA QUATRO CÉREBROS EM PSICOTERAPIA

Teresa Robles

Este é um livro sobre saúde mental, não sobre psicopatologia, que nos ensina a buscar soluções e novas opções para gozar de uma vida plena e frutífera. O método e as técnicas hipnóticas que aprendemos em suas páginas pressupõem uma abertura mental no leitor, um desejo de transcender métodos e técnicas já familiares e freqüentemente usados. É um volume otimista, orientado para a prática clínica, escrito com clareza, calor humano, respeito ao indivíduo e sem as complicações com que muitos autores de psicologia torturam a seus bem-intencionados leitores. É uma obra-prima da abordagem ericksoniana, já tendo sido traduzido para o inglês, o francês e para nossa língua.

REVISANDO O PASSADO PARA CONSTRUIR O FUTURO

Teresa Robles

Este é um dos livros da série de LIVROS DE AUTO-HIPNOSE.

Ele surge de um ensaio autobiográfico, em que Teresa compartilha conosco suas experiências de vida e suas aprendizagens nas várias fases de seu processo de amadurecimento psíquico. Este também é um livro de auto-hipnose que convida o leitor a olhar para dentro de si mesmo, a cada linha, a cada exercício. Os exercícios estão esboçados para colocar você, de maneira eficaz, em contato com seus recursos internos, para abrir portas e encontrar caminhos e, assim, resolver as dificuldades pendentes, saudavelmente, protegidamente.

TERAPIA FEITA SOB MEDIDA

Teresa Robles

Este livro é a transcrição de um seminário realizado pelo Dr. Jeffrey K. Zeig, PhD, em que nos ensina a fazer uma criteriosa avaliação para determinar os rumos do processo terapêutico, apresentando as técnicas a serem usadas e, finalmente, ensinando como conduzir o processo de terapia para que ele seja experiencial e para que as intervenções sejam efetivas. Ao longo do livro ele vai ensinando os terapeutas a fazer uso do princípio de utilização de forma prática e elegante.

RESGATANDO A MAGIA DA VIDA

Joyce C. Mills

Uma borboleta não nasce borboleta. Assim como a lagarta aguarda o momento certo para sua transformação, nós também precisamos de um tempo para nos preparar para a mudança. Começamos a nos sentir mais seguros com as aprendizagens e habilidades que temos dentro de nós, dentro do nosso próprio casulo e a transformação interior acontece. Podemos dar aquele salto de fé para mudarmos de emprego, matricular naquele curso que pensávamos faz tempo, iniciar uma nova amizade ou relação, ou fazer uma viagem há muito tempo desejada. Qualquer que seja a ação exterior almejada, estamos prontos para voar com nossas asas de segurança e coragem.

A MAGIA DE NOSSOS DISFARCES

Teresa Robles

Nesse livro, a Dra. Teresa Robles descreve a magia e os limites de nossos disfarces e mostra que o importante não é tanto nos livrarmos deles, mas sermos capazes de mudar de disfarce de acordo com os contextos específicos de cada momento de nossas vidas. Se a terapia é a experiência que nos ensina a usar disfarces apropriados nas diferentes situações que avida nos apresenta, o terapeuta deve aprender, ele mesmo, a fazê-lo. Este é um livro que realmente pode ajudar um terapeuta a adquirir a maestria de tal arte.

FAZENDA ESPERANÇA

Histórias que ajudam pequenos e grandes

Cecilia Fabre (ed.)

Quando conheci o livro Fazenda Esperança, achei que valia a pena ler o livro, pois este poderia ser um instrumento para o trabalho com as crianças que atendo. Além disso, trabalho com grupos de orientação de pais, e sempre é bom encontrar um livro que seja bom para os pais lerem para os filhos, pois essa pode ser uma maneira bastante saudável de interação entre eles. E qual não foi a minha surpresa quando percebi que fui tocada pela leitura. Não sei dizer ao certo quanto e como fui tocada. Mas sei que me emocionei.

Eu o convido, agora, a ler Fazenda Esperança. Leia e releia as histórias despreocupadamente, curioso(a) para descobrir o que se transforma em você, deixando que se resolva o que precisa ser resolvido.

A MAGIA DA HIPNOSE NA PSICOTERAPIA

J. Augusto Mendonça

Há sempre um pouco de magia no ar quando se fala em hipnose. Mas não é necessário ser um mago para entender como aplicar hipnose na psicoterapia. Poder contar com um bom guia pode ser de grande ajuda para os profissionais e estudantes novatos no assunto.

J. Augusto Mendonça é um dos melhores guias que qualquer estudante interessado poderia desejar. Ele é tanto um professor quanto um terapeuta de grande talento. Sua escrita combina precisão e poesia. Você, leitor, será conduzido pelos fundamentos da Hipnoterapia Ericksoniana. Uma vez que tenha compreendido a estrutura teórica, você encontrará metáforas ricas que o ajudarão a experienciar conceitos fundamentais.

Eu o convido a estudar seus conceitos com atenção e cuidado. Eles certamente irão acrescentar magia ao seu trabalho, e ainda mais magia à sua vida.

- *Jeffrey K. Zeig*

Diretor de The Milton H. Erickson Foundation

HOMENAGEM A ELIZABETH MOORE ERICKSON

Mulher extraordinária, profissional,
esposa, mãe e companheira.

Marilia Baker

Contar histórias é uma arte. Ser transformado por elas é um privilégio. Marília Baker segue com maestria os passos de Elizabeth Moore Erickson e de Milton H. Erickson, ao escrever esta obra. E nos presenteia com um relato que nos remete à nossa própria história, aos nossos sonhos, aos nossos desafios. Uma história de pessoas com valores muito nobres, de esforços e conquistas, de companheirismo e cooperação, com uma visão positiva da vida e uma maneira de encontrar soluções produtivas e inovadoras para os problemas cotidianos, sempre acreditando que se pode aprender muito com essas situações que a vida nos apresenta.

DIAMANTE

Para saber mais sobre nossos títulos e autores ou nos enviar seus comentários sobre nossos livros entre em contato:
Telefones: (31) 2515-6070 / 3296-5299
E-mail: diamante@ericksonbh.com.br

Este livro foi impresso em papel
POLEN BOLD NATURAL 90 grs,
com coloração levemente amarelada
para maior conforto na leitura.
Impresso na Grafica e Editora Del Rey Ltda.